La question des soldats noirs pendant la guerre

André Dussauge
Alfred Guignard

La question des soldats noirs pendant la guerre

Editions Le Mono

Collection «*Les Pages de l'Histoire*»

Connaître le passé peut servir de guide au présent et à l'avenir.

© Editions Le Mono, 2016

ISBN : 2366592302
EAN : 9782366592306

Première partie

Les troupes noires pendant la guerre[1]

Ce qui fut la Grande Guerre est déjà le passé. Comme après la bataille, on fait l'appel des survivants pour de nouveaux combats, chaque peuple sorti de la tourmente commence à dresser son bilan. Le nôtre est lourd. En face d'un passif comme notre France n'en a jamais enregistré, elle n'a guère encore à inscrire que ce mot : la Victoire. Mais il brille d'un éclat si vif, il enclot des réalités latentes si splendides, que nous avons le droit de graver au seuil de notre porte le « *Salve* » des ancêtres romains, sous les pas de la déesse qui réintègre notre demeure.

Droit qui implique tout naturellement, en contrepartie, des devoirs spéciaux pour nous, les éternels gardiens de la paix latine sur le Rhin : *Si vis pacem...* Quels furent les facteurs du triomphe ? Quelle est leur valeur relative

---

[1] Par Alfred Guignard.

dans l'ensemble de notre force ? Questions urgentes à délimiter, à situer à leur exacte place dans l'ensemble de nos possibilités de demain. Or, parmi les composantes inattendues du succès, s'est révélée, non point encore décisive, mais déjà beaucoup mieux qu'utile et parlant en rang fort honorable, l'aide militaire apportée par nos Colonies : quelque 600.000 soldats ou ouvriers. Ce fut une découverte. Le dogme de la guerre courte, qui fit, pour sa bonne part, si longue la grande Guerre ; aussi, confessons-le, notre proverbiale ignorance d'arpents de « neige » ou torrides, devenus aujourd'hui de vastes empires, auraient fait qualifier de « divagations » l'idée même de compter sur ces forées lointaines. La nécessité nous contraignit d'y faire appel et, parmi elles, à l'une des plus à portée, comme aussi des plus effectives : les Troupes Noires.

Leur place s'est au cours de la guerre, sans cesse faite plus large, dans les rangs de nos poilus. Sans encombre, le plastique paysan soudanais s'est adapté aux conditions de la lutte européenne. En sa main rude, les armes du dernier modèle ont remplacé l'arc et les flèches des aïeux. A sa bonne face amusée, il sut sans épouvante fixer le masque contre les gaz, étonné seulement que des demi-dieux blancs fussent des ennemis si sauvages. Il n'en perdit pour si peu, ni son fatalisme, ni sa bravoure ataviques.

En 1918, dès que les beaux jours eurent ramené sur notre front Nord-Est les bataillons sénégalais qui avaient hiverné sous des cieux plus cléments, plus que jamais, ils ont fait parler d'eux. Dans Reims en cendres, mais inviolée ; sur la Marne ; au Mont de Choisy, la rage allemande s'est brisée à leur fougue, à leur ténacité indomptables. De dépit, les journaux d'outre-Rhin avaient pris le parti de s'en tirer par des sarcasmes et de se venger, à grand renfort de plaisanteries balourdes, des échecs humiliants pour des *stosstruppen*. De leur côté, nos Africains ne se privèrent point de récidiver. A toutes les minutes du dernier quart d'heure, la presse fut pleine de leurs prouesses.

Les évoquer en tête de cette étude, c'est, semble-t-il, la commencer par la fin. Elles apparaissent, en effet, comme une conclusion, un résultat d'expérience auquel la pratique de la guerre a mené. Elles mettent un point final à dix années d'une lutte opiniâtre, semée de controverses et d'objections non toujours dépourvues d'un certain byzantinisme, où se perdit parfois le sens de réalités profitables au pays. Nous sommes ainsi, défaut ou qualité, peu importe : crainte de ne point atteindre d'abord au parfait, notre dilettantisme national, une fois de plus, avait négligé l'excellent.

Il y a, d'ailleurs, un précédent, et fort remarquable. A leur chef, le colonel de Wimpffen, ami personnel de Napoléon III, les tirailleurs algériens durent, contre vents et marées, d'être « essayés » pour la première fois, en Europe, devant Sébastopol. Du résultat de l'expérience sortirent les « turcos » légendaires de Wissembourg, puis delà dernière guerre, troupe de choc par excellence. C'est la même aventure qui advint aux troupes noires, — certes aujourd'hui en nombre respectable dans nos rangs, — mais cependant restées embryonnaires nu regard de ce qu'elles auraient pu et dû être, puisqu'au demeurant elles ont gagné maintenant, les armes à la main et sans appel, le procès qu'on avait mis peu d'empressement à leur laisser plaider.

En ces jours de victoire, ne récriminons point. Nul ne doit être incriminé parmi les hommes de bonne volonté et de bonne foi, sans doute, qui crurent pouvoir discuter l'affaire sur pièces et non d'après expérience personnelle. Le Soudan, c'est si loin !... On ne crut pas assez les ouvriers de la première heure, ni leur maître à tous, l'apôtre, qui, corps et âme, s'était voué à cette tâche de salut public : suppléer à nos forces faiblissantes par la force noire, issue d'un demi-siècle d'épopée africaine.

1

L'idée et ses promoteurs

Née à l'époque de Fachoda, la conception première des troupes noires réunit à l'origine les noms du général de Galliffet, alors ministre de la Guerre, et des généraux, — en ce temps capitaines, — Mangin, retour de la Mission Marchand, et Gouraud, vainqueur de Samory. Du temps passa. L'idée resta sans suite. Mais, en 1908, le lieutenant-colonel Mangin, devenu chef d'état-major de l'Afrique occidentale, la reprit, on prévision cette fois d'une conflagration européenne. Ses propositions, fortement recommandées par ses chefs hiérarchiques, les généraux Audéoud, commandant supérieur des troupes de l'Afrique occidentale française, et Archinard, commandant le corps d'armée des troupes coloniales, chaleureusement et à deux reprises signalées aux bureaux de la Guerre par le général de Lacroix, généralissime désigné, n'obtinrent, malgré les avis conformes du gouverneur général de l'Algérie, du Résident général de Tunisie et du général Voyron, un des doyens de nos guerres coloniales, aucune réponse.

Ce silence détermina le lieutenant-colonel Mangin à saisir l'opinion par la voie de la presse en septembre 1900. L'effet fut immédiat. Un véritable foisonnement d'articles, d'interviews quelques-uns étonnés, mais, pour la grande majorité, favorables, jeta brusquement la question des troupes noires en pleine actualité. Des hommes politiques en vue donnèrent de retentissantes consultations sur l'avenir promis à ces espoirs imprévus de renforcement militaire. On se mit de toute part à découvrir l'Afrique, non parfois sans la plus ingénue des incompétences, même parmi « ceux du plus haut étage. » D'un ministre aujourd'hui défunt, il demeurera sur ce sujet d'inoubliables aperçus. Peu importait : le branle était donné, l'affaire « lancée » dans le public. Sur l'intervention, puissamment efficace, de Mme Paul Doumer, rapporteur général du budget, et Delcassé, on passa, sans autre retard que celui afférent au vote de la loi de finances, acquis seulement, cette année 1909, en avril, aux premières réalisations.

Elles prévoyaient la création et l'installation, en Algérie, de deux bataillons dits « d'expérience » et l'envoi en Afrique occidentale d'une mission chargée d'y jauger le rendement probable de ce réservoir humain. Composée, outre son chef, le lieutenant-colonel Mangin, de quatre fonctionnaires ou officiers coloniaux, elle s'embarquait, le 18 mai 1910, à Bordeaux où le dernier rentré de ses membres, — le signataire de ces lignes, — y faisait retour le 3 février 1911. Toute notre Afrique occidentale avait été visitée. D'une estimation née d'une intime collaboration, constatée par procès-verbaux sous signatures, entre l'administration locale, les indigènes et la Mission, il résultait qu'une propagande appropriée et bien menée, quelques minimes avantages aussi à concéder aux tirailleurs, assureraient vraisemblablement un contingent annuel d'environ 40 000 volontaires. Chiffre destiné à croître si la « réclame » de l'affaire (indispensable à remplacer notre service de recrutement, en ces pays sans étal civil) était bien faite parmi un peuplement que la paix française, la diffusion du vaccin et une polygamie utilitaire et non de luxe multiplient rapidement. Sur ces données, le colonel Mangin envisagea en 1911, officieusement, — car, chose curieuse, il ne fut *jamais officiellement* par la suite chargé de mettre en œuvre sa propre conception, — la création, en quatre années, de sept divisions et d'un « réservoir » destiné à les alimenter.

Quel mauvais génie entrava le développement méthodique de ce programme ? Demandons-le à l'esprit d'impréparation de notre avant-guerre. En tout cas, le fait patent, c'est ceci : des deux bataillons « d'expérience » prévus dès 1910, en Algérie, le second ne fut créé qu'en 1913. On accrut bien de quelques autres, — onze en tout, — les unités noires en service au Maroc. Mais, absorbés par les nécessités de la conquête et de l'occupation, ils ne constituaient pas, à proprement parler, une force disponible pour l'Europe. Si bien que l' « Armée Noire, » matière à d'interminables controverses, comptait en août 1914, non pas, divisions et réservoir, de 200 à 240 000 hommes, qu'elle eût dû mettre en ligne, mais les deux seuls bataillons d'Algérie : c'était un record d'impuissance. N'eût-il point de suites ? Hélas ! rien ne se perd, surtout les fautes. Maintenant que la valeur de nos Sénégalais est non plus contestée, mais constatée, on peut bien dire que la présence à Charleroi de 100.000 d'entre eux, sinon plus, soldats de métier, de deux ans au moins de services, encadrés de vétérans vieillis sous le harnois, troupe sans réservistes, appelée telle quelle d'Algérie sur télégramme de mobilisation, eût vraisemblablement pesé son poids dans la bataille, voire en ses suites. Le choc de la Marne se serait, par exemple, produit sur l'Aisne, refoulant le flot allemand jusqu'à la Meuse : les documents saisis en 1917, lors de notre offensive d'avril, n'ont-ils pas révélé que là aurait été la première ligne de résistance en cas de retraite ennemie ? Ainsi, au second mois de la guerre, notre pays eût peut-être été sauvé de l'invasion… Conjecture chimérique ? Qui sait ? Regrettons, en tout cas, que tout commencement d'exécution lui ait été interdit par d'éternels « partages, » comme dirait notre actuel Président du Conseil. Et puis, pourquoi, de parti pris, renoncer au gravier de Cromwell ?

2

Un double sacrifice (1914)

Ce fut donc sous cette forme rabougrie, les deux bataillons « d'expérience, » que les vastes projets d'Armée Noire soutinrent l'expérience suprême. Si minime flot humain dans l'océan des multitudes qui s'affrontaient, pour prouver sa vaillance, que pouvait-il espérer ? Le sacrifice, spécialité précisément du soldat noir. La fortune lui en échut, dès l'automne de 1914, dans les brumes glacées des Flandres.

Venu d'Orléans ville et de Laghouat, le 2ᵉ bataillon, — bataillon Debieuvre, — arrivé le premier, prenait contact avec l'ennemi à Reims, à la fin de septembre. Le feu de l'artillerie, dit le rapport de son chef, particulièrement de la grosse, ainsi que ses effets étaient inconnus de lui. Il n'en a ressenti aucune surprise et on peut dire qu'il s'en est amusé. Journellement, le bataillon était arrosé nuit et jour, par des bordées de shrapnells et d'obus de gros calibres. Dès le deuxième jour, les noirs s'en amusaient.

De Reims, on s'en alla à la Maison-Blanche, près d'Arras, et de là, le 2 novembre, à Linghen, proche la célèbre « Maison du passeur. » Le 3, sur l'Yser, le bataillon attaquait « en terrain complètement découvert comme un tapis de billard, coupé de 50 mètres en 50 mètres par des canaux de 4 à 5 mètres de large et de 2 mètres de profondeur.

Il a dû faire pour cette attaque une des choses les plus difficiles à la guerre, même pour une troupe très manœuvrière : un déploiement sur l'oblique face à droite, sous le feu de l'artillerie ennemie, en terrain absolument découvert et coupé de canaux, la droite à 10 mètres en avant de son dernier couvert.

Ce déploiement n'aurait pas été possible pour une troupe d'instruction moyenne. Les Sénégalais l'ont fait homme par homme sous un feu effroyable d'artillerie, d'infanterie et de mitrailleuses, en subissant relativement peu de pertes. De huit heures du matin à la tombée de la nuit, le bataillon est resté sous un feu des plus violents… Pas un homme n'a bronché et la progression en avant a continué sans à-coups... Pour couvrir le flanc gauche du bataillon découvert, je dus faire faire, sous le feu, une série de mouvements à deux compagnies et à la section de mitrailleuses pour les placer en échelon vers ma gauche. Ce mouvement fut exécuté comme sur le terrain de manœuvres... Le matin, alors que, de toutes les patrouilles que j'avais poussées de l'avant, pas une n'était rentrée (elles avaient toutes été anéanties), le bataillon a repris l'offensive contre les tranchées allemandes. Il a fait de même le soir et le lendemain matin, pendant trois nuits et deux jours...

Le 9 novembre, les hommes descendent de tranchée le matin, trempés jusqu'aux os. Le soir, à 8 heures, le bataillon est reporté en avant pour faire une attaque sur le flanc de l'ennemi. Il est renforcé par trois compagnies de tirailleurs algériens mises à ma disposition. En pleine nuit, sous le brouillard glacial, il faut franchir de nouveau des canaux de 50 en 50 mètres, je mets huit heures pour franchir 800 métrés. J'ai à ma disposition une section du génie pour couper les fils de fer allemands. Je dois faire démonter les portés et les persiennes d'une maison d'éclusiers pour franchir les canaux. Lorsqu'un canal est franchi, on transporte les portes au suivant et ainsi de suite. A cinq heures du matin, je forme une colonne d'attaque sur cinq lignes à 150 mètres de l'ennemi : il n'a pas éventé le mouvement.

Je forme les deux premières lignes avec les Sénégalais. Les tirailleurs algériens forment des échelons demi-débordants et la réserve. Le dispositif est placé face à son objectif et les lignes sur un rang sont déclenchées à 50 mètres de distance. Ordre est donné de ne pas tirer et de ne pas pousser un cri. La consigne est fidèlement observée. Nous arrivons sur les fils de fer allemands que le génie coupe. Nous sommes accueillis par une décharge formidable qui couche la première ligne par terre. La deuxième la dépasse et entraîne les survivants. Les tirailleurs foncent dans les fils de fer. Un corps à corps terrible est livré sur la tranchée avec les chasseurs à pied allemands. Les tirailleurs sont tirés dans la tranchée par les pieds. Quelques-uns se noient dans le canal garni de fils de fer qui la précède. Quand le bataillon se replie, nous restons trois officiers, cinq sous-officiers et cent vingt hommes.

Les débris du bataillon prennent à nouveau la tranchée et, quelques jours plus tard, à la suite de nouvelles pertes, le bataillon est licencié, faute de combattants…

Je reste seul sur le front avec quatre sous-officiers.

Ainsi mourut au champ d'honneur le deuxième bataillon d'Algérie. La fin du premier, — bataillon Brochot, — revêtit une si farouche grandeur que cette tragédie *sui generis* n'a point de précédent dans l'histoire. Elle n'y peut non plus avoir de réplique. La chose advint à Dixmude. De ce nom prestigieux, M. Charles Le Goffic a fait, en quelque sorte, la propriété privée de nos fusiliers marins. A l'ombre du monument de gloire qu'il leur a dressé, l'équitable avenir voudra cependant qu'il y ait place pour leurs camarades de bataille, les Sénégalais du bataillon Brochot. Ils défendaient, le 10 novembre, entre des troupes belges à gauche et le cimetière de Dixmude à droite, des tranchées sur lesquelles vinrent foncer de furibondes attaques. Tournés aux ailes, ils virent rouler sur eux, les encerclant, la marée grise hurlante. Deux solutions : se rendre ou se faire tuer. Mais la première, n'est-ce pas ? ce n'est pas à faire. J'ai rapporté jadis l'extraordinaire histoire, advenue en Mauritanie, du « trente-huitième. » Héros qui n'a pas d'autre nom et qui est à jamais anonyme. Dernier survivant de trente-sept camarades, tués avant lui pour sauver des mains de Ma-el-Aïnin, le marabout célèbre, un convoi surpris, le « trente-huitième » mourut lui aussi sur place. Des trente-huit cadavres qu'on releva, quel était le sien ? On ne le sait, on ne pourra pas le savoir. Mais quand les renforts arrivèrent, on constata seulement que les trente-huit fusils étaient hors de service. Le dernier tirailleur tombé les avait brisés, pour que pareil trophée ne demeurât point à l'ennemi. Puis, désarmé, le héros ignoré avait attendu la balle mortelle.

Cet esprit d'abnégation, les noirs l'avaient apporté d'Afrique. Il est inséparable d'eux : ils l'ont dans le sang et c'est tradition de race. Décidés à périr, voici comment ceux de Dixmude firent leur mort. Cernés, peu à peu, la rage du combat, l'ivresse du sacrifice consenti les soulevaient au-dessus d'eux-mêmes. Une fureur sacrée, une hystérie mystique et contagieuse les posséda, libérant l'esprit de la matière. Le souffle d'Azraël passa, soudant leurs âmes en une âme collective suprahumaine. Alors, ceci advint qui passe l'imagination, qui est un prodige. Réminiscence dix fois millénaire émergée tout à coup du tréfonds commun à la race, appel mystérieux du sang, on ne sait. Mais une force élémentaire, de nature, s'empara, fit bloc de ces surhommes qui vivaient déjà dans la mort. Progressivement, leurs voix qui crachaient à l'ennemi colère, haine et mépris, dans leurs cent idiomes africains s'unirent, se confondirent, en une mélopée surgie de tous leurs langages, et qui pourtant n'était d'aucun. D'un rythme puissant, lent, lentement accéléré, formidable, terrible, ce cantique de guerre et de mort inconnu, né là subitement et qui ne put être au monde que cette fois, emplit la bataille, la domina. Si étrange, si terrifiante en était la majesté sauvage qu'elle éteignit tous les fracas. Stupide, l'ennemi écoutait, contemplait. Un instant, une trêve de terreur religieuse régna, où seul montait de la terre au ciel le pæan funèbre des *morituri* noirs. Mais eux, pleins d'un délire sacré, emportés dans l'extase, ils se ruèrent, frappant et tuant, arrachant yeux et chair, du fer, des ongles et des dents. L'Allemand est toujours le Boche. Pour en finir de ces demi-dieux en furie, il amena ce qui, en Prusse, est l'*ultima ratio regis* : du canon. A cinquante mètres, la mitraille faucha la chair noire. Sous les volées, mourant pour toujours avec les morts, l'hymne unique s'affaiblit, puis se tut. Mais il a droit à d'éternels échos dans l'histoire...

*

Les deux unités préparées en Algérie pour participer à un conflit européen ne furent pas toutefois les seules troupes sénégalaises engagées en 1914 sur notre front. Les mesures énergiques prises sans retard au Maroc par le général Lyautey avaient libéré du monde et permis l'envoi en Europe de forces employées dans le protectorat chérifien. Du nombre, se trouvait, notamment, le 3e bataillon du Maroc, — bataillon Frèrejean, — venu de Taza en

Champagne, puis, par autobus, dans les Flandres. Mis, le 24 octobre, à la disposition du général d'Urbal, commandant la 8e armée, il y forma régiment, sous les ordres du commandant Pelletier et, après mise hors de combat de ce dernier, du commandant Frèrejean, avec les deux bataillons d'Algérie, dont il partagea le sort : comme eux, sur l'Yser, il fondit tout entier dans la bataille. Ce serait tomber dans des redites que d'en narrer le détail. Quelques autres corps venus du Maroc suivirent un peu plus tard. A tous ceux de cette origine, s'applique cette remarque du connaisseur qu'est le colonel Debieuvre, qu'ils ont « fait bonne figure. Très aguerris, on aurait pu leur reprocher (mais personne ne l'a fait) un manque de fini dans l'instruction. »

Malheureusement, on ne put s'en tenir à ces unités solides. L'impréparation d'avant-guerre portait ses fruits. A bon droit, les spécialistes des troupes noires avaient-ils, dès longtemps, redouté par avance l'emploi probable, sous le fouet des nécessités, non plus de troupes dressées, mais de « bandes de recrues » noires sur les champs de bataille européens : résultat fatal de la précipitation succédant à l'inertie.

La mobilisation eut en effet, comme au Maroc, sa répercussion en Afrique occidentale. M. Merlaud-Ponty, gouverneur général de cette patrie des troupes noires, s'efforça tout aussitôt de rattraper un temps qui n'avait pas été perdu par sa faute. Ramassant ce qu'il put trouver de forces disponibles à sa portée, au Sénégal, en Mauritanie, dans le bas Soudan, il s'en servit pour encadrer ce qui se rencontra de recrues, ouvriers sans travail, flâneurs de profession béant au soleil sur les quais de Dakar, Du tout naquit un régiment, qui s'embarqua tel quel pour la France. Il contenait, comme tout autre effectif, de l'excellent et du pire, mélange dont l'emprise spéciale de notre discipline sur les noirs eût donné avec le temps une troupe égale à d'autres. Mais, à peine arrivés à Marseille, dégrossis au camp de Carpiagne, les Sénégalais du « régiment Lavenir, » — nom de leur premier colonel qui leur resta, — étaient, sous la poussée des événements, jetés en pleine fournaise, en Champagne. La guerre se chargea d'y séparer le bon grain de l'ivraie. A une autre troupe voisine, quelque peu hésitante, le capitaine Poupart, tué glorieusement depuis, pouvait véridiquement s'écrier : « Allons ! les gars ! encore un effort ! Tenez ! Voyez les camarades noirs tenir ! » Oui, mais d'autres, noirs aussi, qui débutaient là dans le métier des armes, tenaient moins bien que leurs anciens. S'enfuirent-ils ? Point. Tourbillonnant seulement sous la mitraille, pelotonnés en petits paquets, ils formèrent peu à peu une masse hébétée, inerte, sourde aux commandements, incapable *d'agir* n'importe en quel sens, avance ou retraite : mentalité passive de foule. En l'état, ils étaient inutilisables. Toutefois, ce ne fut que pour un temps. Très rapidement, l'accoutumance leur vint des grosses marmites qui font, en définitive, plus de bruit que de mal et des balles qui chantent quand elles ne frappent point. La guerre leur donna ses leçons les plus profitables, celles qui se prennent au son du canon. A cette école, les progrès vont vite. Les leurs, il faut croire, étaient confirmés, puisque, le 24 octobre, mis en camions automobiles, ils étaient transportés en toute hâte près d'Arras, à la Maison-Blanche, où ils débarquaient le 25, à la chute du jour. Entre la capitale de l'Artois et les Allemands, plus rien d'autre que des tranchées vides. Dans la hâte et la nuit, pas de reconnaissance possible d'un terrain qu'il fallait, sur toute chose, occuper. Gagnant vers l'ennemi d'une parallèle à l'autre, puis en pleins champs, tant qu'on trouva place nette, on avança, un bataillon en réserve, deux en ligne. Une meule flambait à l'horizon. Sous l'hypnose de cet unique point rougeoyant, mécaniquement les hommes se resserraient, se tassant dans le rang. Soudain, un fulgurant éclair : à bonne portée, une mousquetade infernale, fusils, mitraille et mitrailleuses, dessina le zigzag de la tranchée allemande. Quand il s'éteignit, une jonchée de noirs gisait à terre : la surprise avait duré quelques secondes. A côté, quelques « jeunes, » effarés, se couchèrent. Mais la charge, commandée sur-le-champ, enleva la majeure partie des survivants, les jetant sur l'ennemi. Le flot vint, sans force, mourir à sa tranchée, puis reflua : les Allemands étaient trop, les Sénégalais trop peu. Ils firent retraite sans panique, jusqu'à leurs lignes, et là, grossis de leurs réserves, s'arrêtèrent et, inébranlables, tinrent. Six fois dans la nuit, le régiment Lavenir, que commandait alors le colonel Mérienne-Lucas, contre-attaqua, payant son large écot de sang. Le résultat, on le connut par les gazettes allemandes. De ce ton dépité, inimitable, dont le « Boche » convient de déceptions forcées, elles reconnurent que les troupes noires étaient de « bonnes troupes, » « se battaient bien » et que jamais les leurs « n'avaient été attaquées avec autant de fureur » qu'en cette occasion. En fait, pour le moment où la garde lui en avait été confiée, le « régiment Lavenir » avait sauvé Arras.

Par quelle iniquité du sort ou des hommes, cet épisode parfaitement honorable servit-il à jeter l'anathème sur ce corps infortuné ? Ne le recherchons pas. Toujours est-il que décimé et redécimé, vide d'hommes et de cadres, pour ce fait et, le froid venant, retiré du front, envoyé au Maroc se reformer, il fit route au sein d'une imméritée légende de couardise. L'avenir portera plus tard son flambeau sur cet épisode encore trop souvent exploité contre ce régiment infortuné. Un autre eût-il fait beaucoup mieux en pareille occurrence ?

3

Dans l'enfer de Gallipoli

Je me suis étendu sur ces débuts des troupes noires avec un détail disproportionné, semble-t-il, à leurs effectifs d'alors. C'est qu'à la virile, ces moments de leur histoire ont été d'une importance capitale. Si les initiés, nos officiers de l'« épopée africaine, » n'avaient jamais douté que leur soldat noir dûment dressé égalât tout autre en valeur *européenne*, l'opinion générale, moins avertie, l'avait, en sa grande majorité, attendu aux actes. Cette fois, le doute n'était plus permis, la vérité se faisait jour. On fit donc appel pour l'expédition des Dardanelles au fond et à l'arrière-fond des disponibilités utilisables. Hélas ! ce n'était guère : quelques bataillons que le Maroc put encore rendre, quelques recrues grappillées en Afrique occidentale... Crainte de refaire sans cesse le même récit, je ne dirai rien de ce que furent dans cette morne campagne, mal conçue et plus mal conduite, les troupes noires, égales là aussi à elles-mêmes tant qu'il y eut, dans leurs rangs, des soldats pour de bon. Je ne résiste point cependant à la tentation de citer le document suivant, lettre pathétique d'un de nos généraux spécialistes des troupes noires, alors colonel d'un régiment mixte colonial et qui, comme tel, exécuta la diversion sur la rive asiatique du Bosphore :

Presqu'île de Gallipoli, le 17 mai 1915... La bourrasque terrible, grâce à laquelle nous avons pris pied de vive force sur la terre turque, a commencé le 25 avril et vient de prendre fin. Période de cauchemar, vécue dans la fatigue, l'insomnie, la chaleur le jour, un froid glacial la nuit, dans le piaulement constant des halles mauvaises, le ronflement strident des marmites, le râle des shrapnells... Ce bout de presqu'île a été un véritable enfer, un creuset diabolique dans lequel ont fondu nos beaux régiments heurtant du front des masses fanatisées, conduites par des officiers allemands excellents, précédées par des *imans*, menant le Croissant à la charge contre la Croix. Les ordres d'opérations ramassés par nous sur le corps d'officiers turcs tués, sont d'une énergie sauvage.

Le 25 avril, à 5 h30 du matin, nous arrivions à l'entrée des Dardanelles. A mon beau….. colonial, l'honneur d'ouvrir le feu. Nous débarquons de vive force, à onze heures du matin… Débarquement sous une fusillade enragée et une averse d'obus de 210 dont le premier tombe juste dans une embarcation pleine et tue, broie trente-huit hommes… Mes Sénégalais ne s'affolent point, sautent dans l'eau jusqu'au cou, mettent baïonnette au canon et, en une noire marée, irrésistible, enlèvent le fort de Koum Kalé.

J'arrive avec le deuxième échelon (blanc) : même manœuvre… J'escalade un haut talus en trois bonds : on ne sent plus la fatigue en ce cas. La marée blanche me suit, baïonnettes hautes, et déferle sur le fort, derrière les Sénégalais, sur le village qui est sur les talons des Turcs en fuite.

J'organise la défense et prépare le débouché.

Balles, marmites à volonté. Chacun sourit. On s'habitue vile. Et la journée se passe en lutte acharnée qui redouble la nuit sous les assauts incessants de 10 000 Turcs (31e, 32e, 39e régiments, toute la division d'Erenkeui) bombardement varié, sans répit. On se bat à bout portant, derrière un mince réseau de fil de fer que j'ai pu faire établir d'urgence. A l'aurore, près de 2 500 cadavres turcs jonchent nies abords. J'ai pris des clichés qui seront effroyables. Le combat diminue d'intensité. Nous faisons 500 prisonniers terrorisés par notre 75. Le soir, à huit heures, nous recevons l'ordre de rembarquer… Notre opération est une simple feinte qui nous coûte 17 officiers et 780 hommes. Un obus lourd, à neuf heures, nous tue soixante hommes, en blesse autant, volatilise mes bagages en criblant mon ordonnance de trois éclats…

L'opération délicate du repli et du rembarquement réussit à merveille. Pendant son cours, une balle me traverse le bras gauche… rien de cassé… première blessure…

Le premier mai, au soir, nous sommes campés depuis trois jours en deuxième ligne, sur un mamelon faisant suite au point de débarquement face au Nord. Devant nous, une petite plaine, celle de Morto-Bay. Au-delà, d'autres hauteurs montent en pentes douces vers le haut sommet d'Achi-Baba, qui domine la région. Notre première ligne est sur ces pentes, le...e colonial mixte à gauche. Un combat furieux, commencé le 1er à huit heures du soir en masses profondes, a crevé la ligne mince d'un bataillon sénégalais au feu depuis quinze heures. Ordre au...e colonial d'aller à la rescousse. Nous partons en hâte.

Nous sommes au pied des hauteurs, au bas d'une falaise de trente à quarante mètres. Au haut, une fusillade enragée, des cris, des vociférations. Derrière, cinq batteries tirent à toute volée dans un flamboiement continu. Une fièvre d'enfer dans l'obscurité.

Nous grimpons la falaise. Les Turcs sont là à cinquante mètres, poussant leur charge victorieuse avec une énergie farouche. Il n'y a pas à tergiverser, ni à faire calculs ni problèmes... « Allons, mes Marsouins, en avant : A la baïonnette ! » Et mon premier bataillon (européen) part comme une trombe, avec un élan magnifique. Mes Tirailleurs sénégalais suivent avec la même vigueur. Le lieutenant-colonel Vacher, commandant le...e mixte, luttant désespérément avec une poignée d'hommes, fait sonner la charge de son côté et nous ramenons les Turcs, non seulement jusqu'à nos tranchées perdues, mais à huit cents mètres au-delà…

…La 1re division, partie de France à 14 000 hommes, a perdu, en dix jours de bataille, 200 officiers et 9 000 hommes… Je suis parti de Toulon avec 54 officiers et 3 000 hommes, le 4 mars. Il reste, le 9 mai, *quatre* officiers (dont moi, deux fois blessé), et 900 hommes. Mon troisième bataillon (Sénégalais), parti à 1 000 hommes environ est à 250.

Le morceau était dur. Il l'est encore. Derrière leurs tranchées, nous retrouvons les Turcs de Plewna et de Tchataldja.

4
Devant Verdun (1916)

Cependant que les derniers bataillons noirs instruits s'usaient au feu sans recomplètement possible, le rêve de la guerre courte s'évanouissait, sinon dans tous les esprits, du moins chez les plus clairvoyants, devant les faits. La conception nouvelle d'une guerre d'usure, à forme inédite et fin imprévisible, très probablement longue, faisait surgir des problèmes insoupçonnés, au premier rang desquels se plaçait l'angoissante question des effectifs. « Les Allemands font la guerre avec du matériel ; nous, avec des poitrines humaines ! » formule lapidaire en laquelle M. Paul Doumer, partant demander au tsar Nicolas II des divisions de secours, me résumait une situation dont beaucoup commençaient à s'inquiéter. Mais où trouver des hommes ? Les visites d'exemptés et de réformés avaient fourni, hormis ceux qu'aucune loi ne pourrait sortir d'embuscade, à peu près leur plein rendement. Éléments qui pressurés de nouveau n'arriveraient jamais à combler en nombre ni en qualité les brèches grandissantes de nos rangs. Classe pour classe, les contingents allemands connus et croissants iraient chaque année dépassant les nôtres, en constante diminution.

Nos ressources paraissaient donc toucher à leurs limites... à moins qu'un large tour d'horizon sur nos domaines fît découvrir que la France moderne est limitée au Sud, non plus par la Méditerranée, mais par le Congo et que, de son sang généreusement versé, huit lustres durant, étaient nées, aux quatre coins du monde, des Frances nouvelles. Là, cinquante millions d'apprentis-Français, sans doute inconscients de nos deuils, mais sauvés par nous cependant de la sauvage emprise allemande, bénéficieraient, à la paix, de notre victoire. Quoi de plus juste que de les faire participer à nos sacrifices ? D'ailleurs, pourquoi, les y associant, ne pas, dans la mesure du possible, leur en expliquer la sainteté ? Ainsi, cessant de réduire notre expansion mondiale à cette question d'ordre purement économique, la funeste « mise en valeur » de notre empire, profitable à quelques potentats d'affaires bien en cour, replacerions-nous cette revanche de nos déceptions européennes sous son vrai jour, qui est sans phraséologie humanitaire, tout bonnement humain, dans la plus belle acception du mot et de notre rôle. Équité et intérêt s'accordaient donc pour demander à nos populations exotiques l'aide dont la mère-patrie en péril ressentirait très vite le besoin : en fait, des centaines de mille hommes, solides paysans d'Asie et d'Afrique, s'agrippant côte à côte avec leur frère, le paysan de France, à sa glèbe sainte.

Cette conception coloniale peut-être inattendue n'entra point dans les vues de tous. Aux premières ouvertures que j'en fis, il me fut péremptoirement répondu : « Nous mettrons en ligne pour le printemps de 1916 huit bataillons, huit beaux bataillons sénégalais, pas un de plus !... » Huit ? Pourquoi huit ? Ce chiffre arbitraire, de hasard, mesurait-il la capacité de notre réservoir noir ou les limites de nos facultés d'absorption ? Le moment paraissait mal choisi pour une expérience de malthusianisme militaire.

Deux députés jeunes, pleins de la fièvre d'énergie que leur valait la pratique de la guerre vécue dans la troupe, y parèrent. L'un d'eux, M. Pierre Masse, y avait conquis sa croix de guerre et ses galons de capitaine, il fut, plus tard, sous-secrétaire d'Etat à la Justice militaire ; l'autre, le regretté Maurice Bernard, tué depuis en avion, faisait la campagne comme lieutenant de chasseurs à pied. De vues échangées résulta une proposition de loi, déposée le 16 septembre 1916, par Mme Pierre Masse, Maurice Bernard et Maurice Ajam. Prévoyant la création d'une armée indigène tirée de toutes nos colonies, hormis l'Afrique du Nord, elle y instituait en fait, par des moyens appropriés, un système de mobilisation inédit, capable de provoquer et d'absorber la contribution humaine maxima de nos possessions à la défense nationale. A ces projets, adhérèrent sans retard, publiquement et même avec éclat, les plus illustres de nos grands soldats coloniaux, créateurs de notre empire d'outre-mer, les généraux Archinard, Gallieni, alors gouverneur de Paris, et Pennequin, enfin des écrivains convaincus qui s'étaient renseignés *de visu*, en tête desquels il faut placer M. Paul Adam. Au cours d'un long entretien seul à seul, ménagé dans une maison amie, avec M. Briand, je pus, en outre et tout à loisir, lui exposer les Conséquences fécondes de travaux dont, pendant la paix, le général Mangin l'avait d'ailleurs tenu au courant. Le Président du Conseil ne cacha point l'intérêt considérable qu'il attachait à la question : elle était assurée de trouver en lui, personnellement et comme chef du gouvernement, un ferme appui. Si jamais affaire se présenta sous de favorables chances d'aboutir, c'était bien celle-ci, semblait-il. Or, il n'en fut rien. Ce n'est ni le lieu, ni le moment de révéler comment des influences politico-financières, plus aveugles encore sur leurs vrais intérêts que sur ceux du pays, mais toutes-puissantes dans certains milieux coloniaux, la firent échouer. La « loi Masse » qui, votée, nous eût valu au bon moment un écrasant et peut-être décisif surcroît de forces, succomba sous leurs coups. Rapportée par M. Maurice Bernard, le 12 novembre 1915, devant la Commission de l'armée, qui l'adoptait à l'unanimité, sa carrière, sans cause apparente, s'arrêta brusquement à cet éphémère triomphe. Ne nous demandons pas pourquoi...

Entre Chambre et Sénat, elle disparut. Concassée en fragments d'où, soigneusement, toute conception générale était bannie, elle servit, grâce à l'appui de M. Clemenceau, président de la Commission sénatoriale de l'armée et à l'énergie de M. Henri Bérenger, rapporteur de cette assemblée, à fabriquer une série de décrets, spéciaux à chaque Colonie. Celui qui, pratiquement, eut charge de fournir à nos troupes noires d'Europe, est du 9 octobre 1915. Des confidences officieuses faites a la presse, notamment au *Temps*, il ressortait tout de suite que la caractéristique de l'effort auquel la menace de la loi Masse avait contraint de consentir, serait, pour l'Afrique noire, une limitation voulue du recrutement fixé à 50 000 hommes. C'était toujours mieux que les « huit beaux bataillons » d'antan. Mais, levé à la hâte, par des méthodes qui s'en ressentaient, ce contingent dut être dépaysé immédiatement. Il tombait en France au cours d'un hiver, rude même sur la Côte d'Azur, poudrée de frimas cette année-là, et s'installa dans des cantonnements insuffisants et de fortune. Même en ces conditions spécialement défavorables, il put, dans les quelques mois qui précédèrent la campagne d'été, en 1916, s'amalgamer avec ce qui restait de vieux tirailleurs et donner un nombre important d'unités : combattantes ou de *marche* ; dites d'*étapes*, au contraire, quand, formées de recrues trop novices, elles n'étaient utilisables qu'à l'arrière et au besoin comme « réservoir » d'effectifs.

*

Une douzaine de bataillons purent prendre une part non pas seulement active, mais glorieuse, aux opérations, constamment réalimentes par les corps de seconde ligne. A l'époque, la presse rapporta avec force détails les exploits des Sénégalais, à Barleux, à la Maisonnette, devant Péronne, lors de l'offensive du général Fayolle sur la Somme, et devant Verdun, notamment à Douaumont, au cours des opérations que menait le général Mangin. J'ai sous les yeux de curieux rapports de fin de campagne d'où ressortent avec une singulière netteté le fort et le faible des jeunes troupes que nous avions un peu hâtivement engagées, capables, néanmoins, d'un rude travail.

Dans l'attaque du 24 octobre, y lisons-nous, les troupes noires mises à la disposition du groupement D. E. (groupement Mangin) se composaient des 43e et 36e bataillons de tirailleurs sénégalais à quatre compagnies chacun et de deux compagnies de Somalis (2e et 4e) du 1er bataillon de tirailleurs somalis.

L'un de ces bataillons, le 36e, avait été engagé le 4 septembre dans l'attaque des Carrières (1 200 mètres au Nord de Souville).

Le bataillon… avait disposé trois compagnies pour l'attaque. Une compagnie en soutien aux Carrières était chargée en outre de défendre les Carrières elles-mêmes. A sept heures, l'attaque s'est déclenchée. Les tirailleurs sont sortis des trous d'obus et ont marché exactement comme ils le faisaient à l'exercice. Mais la débandade a commencé dès que les premiers Roches affolés s'enfuyaient vers les Carrières. Plusieurs tirailleurs furent atteints par le feu de leurs camarades. Des scènes analogues continuèrent pendant toute la durée de l'assaut. Aucun prisonnier ne fut ramené à l'arrière et ils auraient pu être très nombreux.

Le tir de barrage terrible d'artillerie et le feu des mitrailleuses furent évidemment une des causes essentielles du repli des tirailleurs. Il y en eut cependant une autre : les Boches avaient fui devant eux. Ils avaient « gagné la bataille. Moi y a partir repos. » Voilà ce que répondaient beaucoup d'entre eux quand on les obligeait à s'arrêter aux Carrières. Certains groupes ont été vus autour de trous d'obus où se trouvaient plusieurs tués allemands, se faisant à eux-mêmes des commandements d'escrime à la baïonnette qu'ils exécutaient sous le feu ; c'était la danse de guerre après la victoire. D'autres lançaient des grenades dans des trous et se penchaient sur le bord pour voir l'effet de l'éclatement.

Il est évident qu'avec de vieux tirailleurs connaissant mieux le français, mieux instruits, ces faits ne se seraient pas produits et beaucoup de pertes auraient été évitées.

Une autre lacune de leur instruction était qu'ils n'avaient jamais vu de mitrailleuses et qu'ils n'avaient pas assez lancé de grenades. Beaucoup se sont blessés eux-mêmes avec ces engins (rapport du commandant G.).

Le document précédent n'est pas dépourvu de pittoresque. Il démontre, en tout cas, le degré d'inexpérience et la jeunesse d'une troupe menée en cet état, dans la bagarre terrible de Douaumont et y ayant telle attitude qu'on voudra, hormis la fuite.

Quelques précisions encore.

Au 24 octobre (1916), dit un autre rapport, l'instruction du... bataillon n'avait pu être très améliorée. Il ne savait encore se servir ni de mitrailleuses, ni de fusils-mitrailleuses, ni de grenades...

Ces troupes étaient des troupes de dépôt et avaient été employées comme travailleurs dans le secteur du groupement jusqu'au début d'octobre, Dans ces conditions, il n'était point prudent de les engager en première ligne, Aussi le commandement résolut-il de les mettre en deuxième ligne. C'est donc dans cette situation que les bataillons furent engagés le 24 octobre.

Au moment de l'attaque, les compagnies sénégalaises sont sorties des parallèles de départ sans hésitation, avec beaucoup d'entrain et de courage, à l'admiration de tous les chefs qui les ont commandées. L'une d'entre elles, même, la compagnie D. s'est lancée à l'assaut en première ligne dans des conditions particulièrement difficiles. Le signal de l'attaque venait d'être donné, le 4e bataillon du régiment d'infanterie coloniale du Maroc auquel était rattachée la compagnie D. sortait de la parallèle, lorsqu'il fut assailli par des feux très violents de mousqueterie et de mitrailleuses. Un instant d'hésitation se produit dans la ligne. Le commandant M. et les officiers des compagnies poussent les hommes en avant, aidés de quelques gradés et hommes de troupes magnifiques de courage. Les deux compagnies de tête du bataillon se reportent en avant. Mais un trou s'est produit dans la ligne : un groupe ennemi s'est glissé à la faveur du brouillard dans le centre du bataillon. La compagnie sénégalaise D. n'hésite pas. Elle se précipite en avant, attaquant ainsi en première ligne. Grâce à sa courageuse intervention, la résistance allemande est brisée après un corps à corps acharné.

Ce magnifique élan des Sénégalais ne devait pas se ralentir pendant la progression. Partout, ils font preuve de beaucoup d'allant et d'impétuosité dans le choc, même contre les mitrailleuses en action. C'est ainsi qu'au moment où le centre de la ligne d'attaque de la…e division, quittant le ravin du Bazil, son premier objectif, arrivait sur le versant ouest de la Fausse-Côte, toute la ligne accueillie par des feux de mitrailleuses, stoppa. Devant l'intensité du feu, les hommes de la première ligne se couchent dans les trous d'obus et la fusillade s'engage. Les 1re et 3e compagnies de tirailleurs sénégalais, placées en deuxième ligne, *continuent à progresser*. Elles arrivent à hauteur de la première vague d'assaut, la franchissent dans une ruée superbe et se précipitent sur les mitrailleuses allemandes qu'elles enlèvent. Entraînée par le magnifique élan des Sénégalais, toute la ligne se relève, les

Allemands jettent leurs armes et se rendent. Toute la position allemande est enlevée…

Les unités indigènes coloniales qui ont pris, part à l'attaque de Douaumont, conclut le rapport général, étaient composées de recrues non instruites… Des cadres manquaient en général d'expérience et peu de gradés avaient vu le feu. Beaucoup venaient de la cavalerie et n'avaient des indigènes qu'une pratique toute récente. En outre, ces bataillons n'avaient pas de mitrailleurs et leurs tirailleurs étaient peu familiarisés avec le fusil-mitrailleur et l'obusier V. B.

On ne pouvait donc songer à laisser groupés les bataillons… et chaque compagnie indigène formait la quatrième compagnie d'un bataillon européen. Ces compagnies furent, en général, placées en seconde ligne. Mais, après avoir atteint le premier objectif, *la seconde ligne passa la première*, puis la dépassa et marcha sur l'objectif définitif. Ces compagnies indigènes se trouvaient ainsi en première ligne, après avoir exécuté sous le feu une manœuvre assez délicate.

L'expérience du 24 octobre s'est donc déroulée sur une très vaste échelle et nous avons, sur la conduite des Sénégalais et des Somalis, l'opinion d'un grand nombre d'officiers supérieurs qui les ont commandés directement au feu. Elle est unanime et parfaitement concluante et nous savons que des bataillons sénégalais, peu instruits, composés de jeunes recrues et encadrés médiocrement, peuvent être amalgamés avec de bonnes troupes européennes, que ces troupes soient métropolitaines ou coloniales (et cette dernière circonstance élargit singulièrement leur possibilité d'emploi). Ainsi utilisées, les unités indigènes de nos colonies donnent des résultats supérieurs à ceux qu'on pouvait attendre. Elles introduisent dans les régiments européens une émulation de bon aloi. Elles y apportent leur fougueuse ardeur au combat corps à corps. Elles y prennent rapidement les qualités, manœuvrières qui leur manquent au début. Il est possible d'envisager leur groupement par bataillon après leur accoutumance aux effets de l'artillerie moderne, — accoutumance indispensable à toute troupe quelle que soit son origine, — et après confirmation de leurs qualités de manœuvre. Mais, pour pouvoir s'alimenter en spécialités de toute nature, les bataillons sénégalais ont besoin d'un réservoir européen. Non qu'il soit impossible aux noirs de devenir mitrailleurs, téléphonistes, etc. mais parce que nous devons improviser une organisation inexistante et que le temps nous manque pour former un nombre suffisant de spécialistes. Le bataillon sénégalais devra donc faire partie d'un régiment européen.

Nous arriverons ainsi à corser nos effectifs en donnant un bataillon sénégalais à chacun des régiments d'infanterie de certaines divisions auxquelles un rôle spécialement offensif aura été réservé. Il y a d'ailleurs intérêt à laisser à ces bataillons leur, effectif de campagne de 250 hommes et une section hors rang très étoffée en spécialités.

Les douze ou treize millions d'habitants que compte l'Afrique occidentale française peuvent certainement nous donner 200 000 soldats en moins d'un an. Ce sont là des ressources précieuses, dont nous avons l'utilisation certaine et qu'il est impossible de négliger.

J'arrête là ces citations. Elles sont suffisamment probantes pour démontrer avec éclat la valeur de forces que nous avons mis bien longtemps à découvrir. Au demeurant, c'est un assez beau rêve pour des paysans du Niger, venus six mois plus tôt au bureau de recrutement, que d'avoir pu, fût-ce un instant, servir d'entraîneurs à nos poilus de Verdun...

5
Les noirs et l'offensive du 16 avril 1917

Notre Afrique noire est une terre immense et sans chemins.

Les milliers de kilomètres s'y franchissent, pour la plus grande partie à pied, des contrées riches d'hommes aux artères fluviales ou ferrées, rares encore, qui mènent aux ports d'embarquement pour l'Europe.

Le plein effet des mesures de recrutement décidées à la fin de, 1915 et mal conduites, je l'ai dit, ne se lit donc sentir dans son résultat pratique, l'entrée en ligne d'un nombre important de bataillons, qu'au cours de 1917. La préparation s'effectua comme l'hiver précédent, sur notre côte d'Azur, à l'entour de Fréjus, en Algérie-Tunisie et, initiative moins heureuse, au camp trop froid et trop humide du Courneau, non loin de Bordeaux. Cette installation improvisée d'un effectif relativement considérable, — un peu plus de

50000 hommes, — n'alla point sans quelques difficultés.

La matière recrutable noire est ce qu'elle est. Elle a ses qualités, sobriété, rusticité, insouciance, mais aussi ses défauts et ses sensibilités : nosologie particulière, propension à certaines affections et non à d'autres, notamment à celles des voies respiratoires quand l'acclimatement est brusqué. Bref, la troupe noire est, physiquement, plus solide à divers égards, moins à d'autres, que la troupe blanche : elle en est différente. Un tel état de fait impose des données inéluctables à son dressage et à ses conditions d'instruction. Les négliger serait la coucher sur un lit de Procuste.

Créer de véritables villes noires de plusieurs milliers d'habitants en quelques mois et dans l'état de guerre de notre main-d'œuvre ne fut pas une minime affaire. La direction des troupes coloniales du Ministère de la Guerre s'y mit de tout cœur et réussit à résoudre a temps et suffisamment le problème : le pays lui en doit une assez belle reconnaissance. Sans doute, ne put-elle réparer parfaitement le temps antérieurement perdu et quelques lacunes en résultèrent-elles dans l'instruction de certaines unités sénégalaises. Mais, elle n'en livra pas moins cependant aux armées d'opération, à la fin de mars 1917 vingt-six bataillons noirs, — 30000 hommes environ, — dont certains, notamment les six qui composaient les 57ᵉ et 58ᵉ régiments d'infanterie coloniale (colonels Jacobi et Debieuvre), forts chacun de plus de 3 500 hommes, n'avaient peut-être pas leurs égaux, à l'époque, dans toute la' masse de manœuvre constituée pour la campagne de printemps.

L'offensive du 16 avril, a soulevé naguère et soulève aujourd'hui trop de polémiques pour qu'un profane s'avise d'y toucher. Je crois cependant pouvoir, sans en provoquer de nouvelles, et en me plaçant à un point de vue purement objectif, affirmer que le général Nivelle se proposait comme but la destruction de cette absurdité stratégique, le front, où, enlisés depuis trois ans, nous subissions, au prix de pertes considérables, la volonté envahissante de l'ennemi et l'obnubilation de toutes nos qualités offensives de race guerrière dans l'espace et le temps. Cette fin supposait naturellement des moyens appropriés de grande envergure, tout à fait conformes au grand principe de bon sens napoléonien : attaquer partout et voir venir. L'exécution de cette manœuvre gigantesque, menée par les Anglais et nous d'Arras à l'Argonne, mettait en œuvre plusieurs armées. Celle à laquelle revenait te rôle principal, la VIe, massée de Soissons à l'Ouest de Reims, et comprenant tout près d'un demi-million d'hommes, était confiée au général Mangin. Elle devait emporter d'assaut le formidable bastion, dit « Chemin des Dames, » machiné comme un théâtre, d'où, enterrée depuis 1914 dans les creutes de l'Aisne, l'armée allemande avait fait, à longue distance, échec à nos poussées en Champagne et sur la Somme et virtuellement menaçait nos communications vers l'Est et Paris : la preuve douloureuse devait en être administrée en mai 1918.

Le choc était escompté formidable et nécessitait des troupes supérieurement mordantes.

… A Fismes, dans un vaste jardin aux fraîches pelouses sous de grands arbres, une jolie habitation Louis XIII, moitié villa, moitié château, un grand cabinet clair, aux murs couverts de cartes. C'était alors le Quartier Général du général Mangin. J'ai eu le rare honneur d'y entendre, le 10 avril, développer le plan probable de la bataille et les dernières instructions qu'il y exposait à ses généraux : un assaut brutal, irrésistible, sitôt le pilonnage achevé. Après quoi, vers Laon, vers Saint-Quentin la place libre, l'espace reconquis et la poursuite aux talons de l'ennemi en déroute. A l'effort premier, de rupture, la force noire était spécialement prédestinée. L'aveugle ruée du Sénégalais dans le feu sur le fer tendu, c'est militairement sa raison d'être. Trois corps d'armée : le 1er colonial, en crochet offensif au nord, à l'Est de Soissons, le 6e et le 2e colonial jusqu'au plateau de Craonne, face au Chemin des Dames, formaient la ligne d'attaque.

Ces grandes unités se partageaient inégalement les bataillons noirs, deux seulement, les 27e et 29e, affectés au 6e corps et y formant, avec des chasseurs à pied, l'infanterie de la 127e division.

Une fatalité semble vraiment avoir pesé sur cette bataille. Une paradoxale prolongation de l'hiver éternisait sur la campagne des bises aigres et des tempêtes de neige. Revenant du Midi, où les premiers rayons du soleil printanier les réchauffaient déjà, les noirs s'enlisaient au front, dans cette boue liquide spéciale aux tranchées, « la flotte », que les flocons fondants maintenaient à une température voisine du gel. La veillée des armées, en ses dernières heures, fut cruelle aux pauvres diables d'Africains, immobiles et transis dans leurs parallèles de départ.

L'assaut leur fut une délivrance. A l'aube, leurs vagues bondirent d'un élan qui creva, comme une balle un cercle de papier, la première ligne allemande : affaire de quelques quarts d'heure. De cinq à sept kilomètres, à travers un réseau de défenses dont l'aspect résumé au plan directeur confond, étaient franchis. Des chefs allemands filaient en débandade... On sait que le flot français noir et blanc, alors vainqueur, se trouva subitement arrêté. A dix heures, il était figé par ordre devant la deuxième ligne allemande, hérissée de mitrailleuses, de creutes machinées, de trous d'obus organisés. Cet arrêt fut fatal aux noirs. Ils passèrent journée et nuit dans l'immobilité de cachettes, bouts de tranchées, abris de fortune sous un vent glacial qui rasait le plateau. Dans leurs « godillots » détrempés, racornis, chaussure inhabituelle, qu'une absurde manie d'uniformité administrative avait tenacement imposée, leurs pieds gigantesques, resserrés, gelèrent faute de circulation du sang. A la relève du 2e corps colonial, le 18, des milliers de Sénégalais ne purent suivre. Telle fut l'étendue du mal, que des bataillons entiers se trouvèrent passagèrement désorganisés. Pour comble d'infortune, évacués les premiers, parce que les premiers en ligne, les noirs furent égaillés par les transports sanitaires sur tout l'arrière du front, de Berck-sur-mer à Neuchâteau en Lorraine. La gelure, grâce à la saison, fut heureusement superficielle et les cas graves, très rares. Le remède eût pu se donner moins loin, en quelques jours, à portée des unités. La dispersion des Sénégalais était à peu près inutile. Quand, guéris, ils rejoignirent leurs corps, le général Mangin ne commandait plus son armée. En outre, les projets d'offensive à grande envergure étaient officiellement abandonnés.

Partant, plus de raison pour maintenir cette masse de choc sous la main du plus capable de s'en servir. A la fin de mai 1917, les bataillons noirs étaient disséminés et répartis sur tout le front. Des divisions qui les reçurent, certaines s'en trouvèrent fort empêchées. On s'y étonna même de leur voir des fusils : peu connus de leurs nouveaux chefs, ils furent d'abord employés comme unités de travailleurs. Progressivement, de tâches obscures, réparations de routes, escortes de prisonniers, d'aucuns, appréciés à l'usage, regagnèrent le rang de troisièmes bataillons, de quatrièmes compagnies dans des formations anémiées tenant des secteurs tranquilles. Ceux qui, par chance, se trouvèrent accolés à des troupes coloniales blanches ne sortaient pas de leur milieu. Honorablement parmi elles, ils participèrent, notamment autour de Verdun, aux rares opérations de cette campagne sacrifiée. En fait, cette lugubre année 1917, si riche de promesses, faillit aux troupes noires comme au reste.

6
Les Sénégalais en 1918

Retirés du front aux abords de l'hiver, complétés à l'aide de recrues tard venues, d'hommes pris aux unités dites d'étapes, les bataillons sénégalais du recrutement 1915-1916 allèrent se reformer dans les camps du Midi, cette fois supérieurement organisés, et dirigés par un des généraux coloniaux, qui, pour s'être servis magnifiquement des noirs sur les champs de bataille, les connaissent le mieux. Des mains de ce soldat énergique sortirent les belles formations dont les Allemands ont pu, au printemps de 1918, éprouver la solidité. Composées d'hommes comptant presque tous au moins deux ans de services, elles réalisaient un outil de guerre propre à toutes les besognes : les faits, une fois encore, l'ont prouvé.

Croirait-on cependant, malgré le passé, que certaines préventions subsistaient encore contre nos noirs à l'heure même de s'en servir ? Un général colonial illustre en recueillait, non sans étonnement, les échos, fort exactement deux jours avant l'attaque allemande du Chemin des Dames : « Les Sénégalais, lui affirmait-on, redoutent l'artillerie !... » Certes, comme tout le monde, mais pas davantage. A cette affirmation, passée pour quelques-uns en dogme au-dessus de tout examen, les noirs devaient d'être placés en secteur calme, le 27 mai dernier : à Reims. Or, s'en emparer, entrait dans le plan des surprises allemandes.

Entre la cité martyre et Soissons, piliers antiques des portes de Paris, le flot germain s'étranglait au passage. Nos troupes de première ligne soutenaient une lutte inégale quand les Sénégalais, alertés, survinrent. Le soldat allemand redoute son adversaire noir, plus grand, plus fort, plus agile que lui, fougueux et friand de la lame, du combat d'homme à homme et qui lui rend sans scrupules, généreusement, coup pour coup, s'arrangeant d'ailleurs le plus possible pour frapper le premier : révélations que nous devons aux feuilles allemandes, à leurs criailleries à forme humanitaire contre l'emploi des troupes noires et aussi aux correspondances saisies. Le contact repris en 1918, à Reims, avec ces bataillons tout neufs, frais éclos d'un repos de six mois, entraînés à point, fut, aux assaillants, une désagréable surprise. Ils n'insistèrent pas : leur coup était manqué. Ils comptaient revenir en nombre à la charge. L'agence Wolff voulut bien expliquer au monde que « les Français renonçaient à garder Reims, où ils ne maintenaient que des nègres et des coloniaux. » Avis prémonitoire de la seconde attaque, déclenchée le 12 juin, à l'Est de la ville. Un furieux assaut en donnait à l'ennemi une des clés, le fort de la Pompelle, où, fiévreusement, il commença de s'organiser. Mais cette fois encore, il avait compté sans son hôte : une ruée sénégalaise, lancée à corps perdu, l'en chassait, si violente et meurtrière qu'elle coupa court à tout retour offensif.

Les rodomontades des sans-fils rendaient l'échec cuisant. Pour en atténuer le dépit, force était d'en passer par une attaque sérieuse. Le 18juin, le Kromrinz donnait l'ordre d'en finir coûte que coûte. L'affaire, montée sans regarder aux moyens, prenait cette fois, de l'envergure. Sur vingt-cinq, kilomètres d'Ouest en Est, de Vrigny à La Pompelle, trois divisions de première ligne assaillirent le pourtour circulaire de nos défenses visant, au centre, la cité, que tenait une de nos divisions métropolitaines encastrée, à sa gauche, d'Ornes à Vrigny, à sa droite, de Sillery à la Pompelle, entre deux divisions coloniales. Violente et coutumière préparation par obus asphyxiants, contrebattue supérieurement par nos batteries frappant au plein de masses ennemies impatientes de l'assaut libérateur. Son insuccès toutefois fut magistral. Tout l'effort allemand se rompit sur nos 1 avancées sans même entamer nos premières lignes. En un seul point, au Nord de Sillery, l'ennemi s'infiltra quelque peu sous bois. Succès éphémère. Découvert, pris à partie par une foudroyante contre-attaque sénégalaise, il détala sans demander revanche. C'était, une fois de plus, Reims sauvée, et, rivaux des poilus et marsouins, leurs modèles, les noirs y avaient pris leur large part : « Nous luttions, écrivait un officier allemand, fait prisonnier quelques jours plus tard, contre ces soldats nègres qui tiennent comme des murs, attendent les nôtres à cinq mètres et se jettent dessus. »

La surprise du Chemin des Dames amena, comme on sait, les Allemands en quatre jours de l'Ailette à la Marne. La trombe envahissante balaya les campagnes en plein labeur. Terrorisées, les populations s'étaient enfuies : cortèges d'épouvante marchant droit au Sud, vers les ponts. Sur la route de Château-Thierry, une interminable colonne de fugitifs. Derrière elle, des débris effrités de nos régiments décimés, débordés, petits groupes allant sans débandade, l'arme à la bretelle, au fil des routes, comme tout le monde. Suivant, mais ne poursuivant pas, à faible distance, sans s'arrêter ni se hâter, poussant devant elles les vaincus, arrivaient les avant-gardes allemandes. En ville, un spectacle de folie collective : dans les rues, sur les ponts, une foule sans guides, sans chefs, tourbillonnait, piétinant sans avancer, appelant au secours les soldats, les submergeant dans ses remous, paralysant soi-même sa défense. Mer humaine où l'ennemi, tirant à mitraille des hauteurs au Nord de la ville, sema la panique et la mort. Dans ce tumulte, fendant la foule, voici qu'un homme arrive : général qu'une légendaire traversée de l'Afrique a jadis illustré. Son énergie, sa bravoure sont célèbres. Il se jette au-devant des groupes de soldats, les accroche, les harangue : « Vous savez qui je suis, leur crie-t-il, montrant ses étoiles, la plaque de grand-officier qui scintille sur sa poitrine. Pour vous, pour ces gens, pour la France, mes enfants, arrêtez-vous ; demi-tour et tenez ! Il le faut ! J'amène du secours : ma division me suit !... » Peine perdue. En vain, les hommes tentent de se rassembler. Aveugle, la foule tourne sur elle-même, passe en torrent, entraînant les soldats dans ses flots. Or, la division, hélas ! était loin. Elle roulait en automobiles, encore à des lieues en arrière et le général n'avait avec lui, en avant-garde, que trois bataillons dont un de noirs. N'importe ! Avec cela, il barrera la route. La petite troupe bouscule la cohue, remonte le courant. En pointe extrême, dans les fières ruines du château, il installe ses Sénégalais. Consigne : n'en pas bouger, défendre la place sans recul, jusqu'au sacrifice. Elle fut tenue. Le flot allemand battit vainement les vieilles murailles, laissant quelque répit à la ville où l'évacuation put s'organiser. La rage des assaillants s'épuisait à la ténacité des noirs. Contre cette poignée d'hommes il fallut des renforts. Sans plus de résultats. Une-division entière s'y brisa. Entre temps, les nôtres arrivaient et quand le…e bataillon sénégalais reçut son ordre de relève, il sortit en bel ordre, emmenant ses morts et ses blessés, à la barbe des Allemands stupéfaits du nombre de leurs adversaires.

En de rares allusions, ces prouesses ont transpiré dans le public : les Sénégalais souvent à la peine, ne sont pas toujours à l'honneur. Ils n'ont guère jusqu'ici bénéficié des renseignements « de source autorisée » abondamment fournis sur d'autres corps. En revanche, il fut dit et l'on a laissé, sur leur compte, s'accréditer une légende. Les troupes noires auraient, les 11 et 12 juin, à Courcelles et sur le plateau de Méry, défoncé l'armée Von Hutier, sauvé Compiègne et la route de Paris. *Amiens Plato, sed magis amica veritas.* La vérité m'oblige à dire qu'en ces glorieuses journées, nos Sénégalais n'étaient représentés que par un seul des leurs : le fidèle et dévoué

Baba Koulibaly, ordonnance du général Mangin.

7
La question de la force noire

La douloureuse année 1917, néfaste à tant d'égards, encombrée de querelles politiques, ne fut pas favorable aux questions militaires. La mode était de les envisager d'un point de Vue pacifique, voire pacifiste. Les remous de ces ondes asphyxiantes avaient submergé pour un temps les velléités de recrutement noir. Il fut implicitement admis que plus une recrue ne serait demandée à notre Nigritie peuplée de quelque trente millions d'âmes, dont, tant manœuvres que soldats, cent mille à peine avaient été amenés en Europe. En revanche, des intérêts à façade économique, peut-être pas tous publics, s'accommodaient fort bien d'une intensification imposée à l'exportation des fournitures de guerre, dont la liste est évidemment élastique. Conception naïve où tyrannique au choix, tout à fait dans la norme d'ailleurs de nos conceptions coloniales surannées.

L'avènement du cabinet Clemenceau remit les choses en place. Aux commissions sénatoriales de l'Armée et des Affaires extérieures, qu'il avait présidées, notre actuel Premier avait vu s'amasser sur nous le formidable orage auquel la trahison russe allait nous obliger à faire tête. Toujours préoccupante, la question des effectifs devenait, du coup, la plus lourde de ses responsabilités. Notre heure était venue, comme disait M. Lloyd George, « de carrer les épaules et de serrer les dents, » appelant à l'aide toutes nos ressources.

Nombre de personnalités politiques, comme on sait, n'avaient pas souscrit aux sanctions prises, en mai 1917, contre le général Mangin, auquel on ne pouvait « reprocher, écrivait M. Clemenceau à un personnage important dans l'Etat, que d'être un soldat. » Appréciation garante d'une estime sur laquelle les récriminations d'un certain parti à la Chambre dispensent de secret. Un des premiers soins du nouveau Président du Conseil, en prenant la conduite des affaires, fut de faire procéder à l'examen de notre recrutement colonial. Les résultats de cette enquête conduisirent à l'établissement d'un programme nouveau d'action. Il en sortit huit décrets datés du 14 janvier 1918, lourds d'une nouvelle moisson de baïonnettes africaines. Le 8 février suivant, le *Bayerischer Kurier*, feuille officieuse répandue dans l'Allemagne du Sud, en exprimait son déplaisir, s'en émouvant au nom, bien entendu, « du droit et de l'humanité, » intéressés, paraît-il, à ne pas laisser battre les sauvages à peau blanche, destructeurs de Louvain et de Reims, par d'honnêtes paysans venus des bords du Niger, mais noirs.

La place manque ici à l'examen des mesures d'exécution prises par l'Administration des Colonies. Toutes témoignent d'une grande bonne, volonté. D'aucunes, de quelque candeur. Peu de médaillés militaires soudanais, par exemple, échangeront, espérons-le, après la campagne, contre la qualité, sans emploi dans leurs brousses natales, de citoyen français, la renonciation à leur millénaire statut personnel, qui est hiérarchie familiale solide et polygamie propice à multiplier les fils à leur foyer. Ils feraient marché de dupes. L'heure n'est point venue de toucher aux sources de peuplement, en ces pays où, de par la traite européenne d'antan, les conquérants noirs et la nature démesurée encore invaincue, les morts sont allés si vite ! Toutefois, des dispositions prises, l'une, toute nouvelle, foncièrement libérale, fut, elle seule, plus efficace que toutes les autres réunies. Les opérations de recrutement avaient, en effet, été remises à une mission spéciale, dirigée par un Commissaire de la République, choisi dans le Parlement, M. Blaise Diagne. Esprit délié, supérieurement intelligent, ce Sénégalais disert, voire éloquent, a longuement vécu en France. De l'immense Afrique Occidentale, il ne connaissait guère que le vestibule, le Bas-Sénégal. Mais M. Diagne, étant noir lui-même, jouissait sur tous les fonctionnaires possibles européens d'un avantage inégalable. Il le comprit fort bien et, multipliant sa force, il composa sa mission de ses frères de race : jeunes gens appartenant aux premières familles de notre Afrique Occidentale, anciens élèves de nos lycées, engagés simples tirailleurs à la mobilisation, aujourd'hui officiers à la pointe de l'épée, chevronnés, cités, légionnaires, tel le prince

Ald-el-Kader Mademba, délicat poète à ses heures, et ses frères, fils du vieux roi de Sansanding, Mademba, notre fidèle ami de six lustres. Faisant prêcher la croisade de recrutement par de tels apôtres, fort habilement, M. Diagne la *nationalisait* dans la race, qu'il associait à l'œuvre de libération commune. L'effort demandé cessait d'être un inintelligible impôt du sang, à fins lointaines, hors de vues, exigé par menaces et souverainement impopulaire. C'était le consentement obtenu de la masse du peuple qui là comme partout, plus que partout même, en l'absence d'Etat fort, seul existe, mais qu'il faut savoir entraîner : retour par d'autres voies du recrutement volontaire, si facile à provoquer et éduquer depuis dix ans, pour l'acheminement au système régulier des classes.

Il est possible aujourd'hui de révéler, pour la confusion de certains augures, les effectifs recrutés avec certitude de les voir s'accroître : 73000 hommes en quatre mois. Ils avaient dépassé toutes les prévisions que M. Angoulvant, le distingué Gouverneur général de nos Afriques noires, se croyait fondé à concevoir. Forçant eux-mêmes les barrages, ils amenèrent même un instant à envisager l'absorption régulière, par organes permanents, de nos disponibilités noires africaines, arrachées jusqu'alors sans méthode et par à-coups. Ces débuts auraient ménagé par la suite aux Allemands de pénibles surprises, conditionnant, dans une certaine mesure, les éventualités militaires que 1919 nous a épargnées ; à nos poilus, d'âge rassis, il eût pu être bon alors, pour les longues étapes de victoire, d'assurer de jeunes compagnons.

*

Ainsi, évoluant hors de ses prémisses, la question des troupes noires s'est développée, pour ainsi dire de force, sous la poussée des événements : péniblement, la fonction aura créé l'organe. Là aussi, la conception de la guerre totale a mis du temps à se faire jour : trois ans d'une lutte vitale, féroce, le fer allemand sur notre poitrine. Retard qui n'a pas permis la formation de l'armée noire en divisions de choc qu'avait rêvée son auteur. Mais, au moins, la force noire intercalant aux heures des luttes suprêmes et des derniers assauts des hommes parmi les nôtres, a pu prendre sa part méritée de la plus noble tâche : le salut de la plus belle patrie par les plus beaux soldats... C'est par la porte de la victoire que ces nouveaux fils de la France seront entrés dans sa maison, lui rendant au centuple son sang répandu pour leur libération.

De l'expérience menée à bonne fin et acquise aujourd'hui, reste à tirer cette conclusion pratique : la guerre a révélé un facteur nouveau de puissance française : la Force Noire, dont la valeur générale, tant européenne que coloniale, éprouvée maintenant, ne peut plus être mise en doute. Il doit donc être exploité au même titre que nos autres éléments de puissance. Parce qu'il en est un d'abord. Par simple raison d'équité ensuite. Inconsciemment sans doute, très réellement cependant, nos populations noires ont participé aux bénéfices de la victoire. Elle les a sauvées de l'abominable esclavage colonial allemand. Il est donc juste qu'elles participent à nos communes charges militaires. Ainsi, motifs de droit et de fait se réunissent pour nous obliger à accroître, dans la mesure du possible extrême, le développement de nos recrutements noirs, par-delà la durée des circonstances actuelles.

Leur emploi est d'ailleurs immédiat, si même, une fois encore, il n'est déjà tardif. Il y a sur la rive gauche du Rhin, plus outre demain peut-être, de vastes gages territoriaux ou économiques allemands, qui sont et seront longtemps à garder. Qu'un bataillon noir y veille, c'est un bataillon blanc, de nos soldats de France, ouvriers, laboureurs, libéré pour des tâches productrices : manquent-elles dans nos régions dévastées ? C'est aussi l'étude technique et approfondie de la valeur militaire noire, étude poursuivie dans la paix sereine, pour écarter le cauchemar de ce qui pourrait être un jour la plus grande Guerre : plus forts nous serons, moins aussi nous serons menacés. La route est large, devant notre mission mondiale, nationale et civilisatrice, orientée dans ces voies : il suffit de voir pour réaliser à temps. De cet avenir fécond, la première heure sonne.

Camarades que la terre africaine a gardés, vous qui dormez là-bas votre éternel sommeil en vos tombes anonymes et sans date, qu'ensevelissent encore, fossoyeurs verdoyants du dernier oubli, les hautes herbes des hivernages ; exilés que nulle mère, nulle épouse ne viendra pleurer, consolez-vous de n'avoir pas vu resplendir la grande aube ! Votre labeur obscur, vos souffrances sans témoin l'ont préparée. Vos cendres ont germé en moissons de soldats et leurs phalanges se sont ébranlées derrière vos ombres ! Précurseurs, vous avez participé à la revanche !

A ces absents, gardons aussi, en ces jours de triomphe, la part d'indéfectible reconnaissance qui leur est due. Ouvriers de la plus grande France, ils auront été, avant la première heure, les bons artisans de la victoire. Ils ont droit que l'épée resplendissante de la patrie sauvée trace sur leur tombe lointaine les mots du repos mérité,

Deuxième partie

L'armée noire et ses critiques [2]

La question des troupes noires a toujours soulevé des polémiques passionnées. En 1910, l'opinion de la presse était, en grande partie, favorable à l'idée neuve ; certains journaux laissaient même déborder leur enthousiasme. On cherchait des chiffres en toute hâte, on remettait en lumière les hauts faits accomplis, de tout temps, par les tirailleurs sénégalais, on voyait enfin le moyen de donner une solution à l'angoissant problème qui nous menace en présence de la diminution progressive de la natalité française. — Solution de Bas-Empire, objectaient, non sans raison, les contradicteurs. — Qu'importe ! répondaient les partisans, puisque nous sommes assurés de posséder en Afrique des réserves d'hommes à peu près inépuisables. A dire vrai, tout restait dans le domaine théorique et, malheureusement, les arguments invoqués de part et d'autre semblaient surtout servir des intérêts

---

[2] Par André Dussauge.

particuliers et des querelles d'armes rivales, parce qu'elles vivent sans se connaître bien. L'armée coloniale, trouvant dans la création des troupes noires un puissant remède à la crise dont elle souffre, ne craignait pas de faire un panégyrique un peu tendancieux des mercenaires qu'elle offrait ; après avoir parfaitement plaidé sa cause, elle demandait une application immédiate et sur une grande échelle : le premier essai devait porter sur 20000 hommes ! C'était aller bien loin quand les difficultés restaient à résoudre. De leur côté, les officiers métropolitains avaient peur de se voir enlever l'Algérie : ils considéraient les soldats noirs comme des Barbares envahisseurs. Alors s'accumulaient tous les dénigrements : les Sénégalais étaient encore de vrais sauvages, leur valeur ne s'était exercée qu'aux dépens de populations peu dangereuses, sans armement moderne et sans discipline ; leur endurance paraissait bien surfaite ; ils apporteraient dans l'Afrique du Nord des maladies inconnues jusqu'à ce jour et ne pourraient vivre sous un climat si différent des températures. tropicales ; enfin ils ne seraient pas du tout à leur place au milieu des Berbères dont on suspecterait le loyalisme au point de les faire surveiller par des bataillons de nègres, c'est-à-dire, pour tout Arabe, par des esclaves.

Il serait parfaitement inutile de revenir sur cette campagne et de prendre parti dans la dispute. Des facteurs nouveaux sont intervenus, qui permettent de fixer maintenant les limites de temps, d'argent et de lieux. C'est d'abord le recrutement en Afrique des tirailleurs et la valeur des contingents qui sont mis à notre disposition. C'est ensuite l'expérience du bataillon qui, depuis deux ans, tient garnison dans le Sud-Oranais. Enfin, l'expédition du Maroc, à peine amorcée au moment des discussions les plus orageuses, a placé la question sous son vrai jour.

I

Avant d'examiner ces différents points de vue, il n'est pas inutile de discuter une objection qui fut opposée, dès les premiers jours, aux partisans des troupes noires : les Sénégalais ne pourraient vivre en Algérie ; de plus, ils propageraient dans la population arabe les affections qui peuvent se développer avec la filariose. Beaucoup d'indigènes, originaires de l'Afrique centrale, véhiculent dans leur sang des parasites visibles au microscope sous la forme de vers contournés, en perpétuel mouvement. Ces *filaires* préparent le sujet soit à la fièvre jaune, soit à la maladie du sommeil. C'est là, du moins, une hypothèse assez couramment admise. Toutefois, les bactériologues doivent reconnaître que la filariose se gagne dans certaines régions bien localisées et qu'elle n'éprouve guère l'état de santé des tirailleurs. Dans une des compagnies du bataillon d'Algérie, la proportion des « filariés » dépassait 30% de l'effectif, et la plupart d'entre eux comptaient parmi les plus robustes. On en est encore à chercher si la filariose est contagieuse quand on voit un indigène contaminé vivre avec sa femme et ses enfants sans leur transmettre ce prétendu germe d'infection. Admettons quand même les conclusions de la Société de bactériologie, nous verrons que le renvoi des tirailleurs filariés et l'examen sévère auquel on soumet désormais les recrues de l'Afrique Occidentale sont des mesures qui ne supportent pas la critique du bon sens.

On veut ignorer que le Sénégal et l'Algérie font partie du même continent et que les relations entre le Soudan et le Maghreb n'ont jamais cessé. La quantité de nègres implantés sur le littoral méditerranéen, de l'Egypte au Maroc, se chiffre par plus d'un million d'individus. Il suffit, pour s'en convaincre, de se promener dans les rues d'Oran, de voir quels sont les cultivateurs des oasis sahariennes ou, plus simplement, de regarder une compagnie de tirailleurs algériens ; de tout temps, les caravanes ont conduit les esclaves des bords du Niger aux jardins de Blidah. Malgré les précautions prises contre la traite, cette infiltration ne se ralentit guère. En pleine gare de Saïda, nos Sénégalais voyaient accourir une de leurs compatriotes portant des tatouages qui lui permettaient de faire connaître sa tribu. Celle femme pleurait de joie en retrouvant l'occasion de parler sa langue maternelle. Tout le long du voyage d'Oran à Beni-Ounif, les tirailleurs apercevaient aux stations des nègres qui dansaient, en leur honneur, les pas échevelés du Soudan. A Colomb-Béchar, trois esclaves noirs, échappés des oasis marocaines, demandaient à contracter un engagement au bataillon ; originaires du pays Mossi qu'ils avaient quitté dans leur enfance, à la suite d'un rezzou de Touareg, il leur tardait de revivre parmi leurs frères.

Il ne faut pas oublier que, pendant de longues années, Tombouctou subit la domination marocaine et que la fameuse garde noire du Sultan se recrutait en pays sourhaï. Soumis par leur condition aux travaux les plus pénibles, les nègres se sont néanmoins parfaitement acclimatés ; il est certain qu'ils ont apporté depuis longtemps la filariose, et le service médical ferait, à coup sûr, de stupéfiantes découvertes, s'il soumettait à l'analyse le sang des ksouriens et des captifs du Maroc. Il ne faut pas compter que cette émigration noire prendra fin. Depuis la conquête des oasis sahariennes, le commerce des esclaves a bifurqué ; les caravanes de « bois d'ébène » ont naturellement évité nos postes et se sont dirigées vers Marrakech et Tripoli ; les noirs ont passé en Algérie, soit par la frontière tunisienne, soit à l'Ouest, par l'oasis du Tafilalet. L'organisation de notre protectorat sur l'empire chérifien, l'occupation prévue de Mourzouk et de Ghadamès par les troupes italiennes permettront de faire cesser complètement la traite des esclaves. La civilisation européenne installée sur tout le rivage africain de la Méditerranée, du cap Spartel à Port-Saïd, devra, pour se maintenir, purger l'arrière-pays de ses derniers brigands et, lorsque les routes du Sahara deviendront sûres, un grand courant d'émigration libre ne tardera pas à faire affluer dans la Berbérie les travailleurs murs qui sont déjà très appréciés par nos colons. Mais cet avenir, pour être assuré, demeure encore lointain. Les esprits se sont illusionnés en croyant qu'un décret suffirait pour faire surgir du continent noir des légions innombrables. Ce qu'il faut rechercher pour le moment, c'est le moyen d'organiser des contingents mercenaires pour obtenir un rendement rapide et pratique. Dans l'état actuel des choses, cette organisation est-elle possible ? Quelle est la vraie valeur de ces soldats ? où doivent-ils être stationnés ? Nous avons établi sans peine que le noir peut vivre en Algérie, mais nous verrons que les troupes sénégalaises ne sont guère en état de tenir garnison dans nos trois départements de l'Afrique du Nord.

On peut transporter dans les terres lointaines des soldats de toutes les races, en vue d'une opération de guerre déterminée ; mais, pour l'occupation permanente d'un territoire, les troupes indigènes doivent être recrutées dans la population même du pays conquis, ou tout au moins dans les groupements de la même famille ethnique. Les tirailleurs algériens ne seront jamais dépaysés au Maroc et les Sénégalais trouvent dans les parages du lac Tchad les mêmes conditions d'existence que sur les rives du Niger. Dès qu'il s'agit de transplanter les individus, il est bon de s'assurer que la situation économique et sociale du nouveau milieu se prête à cette délicate opération. Voilà pourquoi les troupes européennes sont en quantités restreintes dans les colonies, qu'elles soient françaises, anglaises ou allemandes. Si les tirailleurs sénégalais se sont très bien habitués au séjour de Madagascar, c'est qu'ils trouvaient dans la grande île, non seulement le climat et les ressources alimentaires de leur patrie, mais encore, nous le verrons plus loin, le moyen de s'y créer la vie familiale qui leur est indispensable. L'Algérie, pour le moment, ne réalise aucune de ces conditions. Les tirailleurs annamites pourraient se battre au Tonkin, mais non pas y vivre ; ils ne supportent pas davantage l'épreuve du Laos et du Cambodge ; les tirailleurs tonkinois ne s'accommoderaient pas de la Cochinchine, et les Algériens feraient piètre figure dans les territoires militaires du Soudan. Comment les Sénégalais des derniers recrutements se comporteraient-ils en Algérie ?

II

Lorsqu'on parle en France des tirailleurs sénégalais, on évoque aussitôt l'épopée de la mission Marchand, la tragique aventure Voulet-Chanoine, la grande lutte contre Samory. On se représente un soldat vigoureux, fruste, passionnément dévoué, mauvais fusil, mais sabreur redoutable ; ce mercenaire est orgueilleux et digne ; il fait crédit pendant longtemps et reste un an sans réclamer sa solde ; en revanche, il ne faut pas lui demander une sévère discipline de marche et l'empêcher de se gaver de nourriture lorsque, après les fatigues et les privations d'une colonne, on tombe sur des villages riches et sur des troupeaux de bœufs. Il faut de même fermer les yeux sur les êtres qui l'accompagnent, sur la femme recueillie en cours de route, sur le « petit frère » qui porte les provisions, sur la chèvre qu'on traîne jusqu'à la fin de l'étape, sur le poulet qui se débat furieusement, pendu par les pattes à la poignée de la baïonnette. Des vêtements réglementaires il ne reste plus rien ; la veste bleue s'est accrochée à tous les buissons de mimosas, le large pantalon

« bounioul, » taillé dans une pièce de guinée, a remplacé la culotte mince ; un vieux reste de chéchia couronne le sommet du crâne et sa tache rouge est le dernier vestige de l'uniforme. Les cadres européens sont en petit nombre, les gradés indigènes sont de vieux serviteurs, inflexibles pour les recrues, jaloux de leurs prérogatives, intelligents et débrouillards. Avec une pareille troupe, on traverse l'Afrique ; en cas de résistance, on ne s'arrête pas longtemps à tirer, car les cartouches sont rares ; on forme la colonne d'assaut et la trombe se déchaîne sur les ennemis qu'elle balaye ou qui la submergent ; mais si quelques hommes font la trouée, soyez sûrs qu'ils iront au but ou qu'ils feront une retraite épique. Deux tirailleurs se chargent d'escorter un convoi d'argent, trois tirailleurs lèvent l'impôt d'une province ou vont arrêter un chef targui dans le campement de sa tribu. Leur courage est immense et naïf, ils ne doutent vraiment de rien. Le sergent Malamine refuse d'abattre le drapeau français sur la rive gauche du Congo. Laissé là tout seul par Brazza pour maintenir notre droit de conquête, il arme tranquillement son fusil devant l'escorte de

Stanley et somme le journaliste américain de passer au plus vite. Un régiment sénégalais suffit pendant longtemps à nous assurer la possession de Madagascar ; quelques compagnies s'emparent de la Côte d'Ivoire, de la Mauritanie et du Kanem.

Les tirailleurs qui nous servent maintenant ont-ils gardé la même valeur ? C'est ce qu'il faut examiner avec prudence et sans parti pris. Tant qu'a duré l'ère des conquêtes, les engagements ont été nombreux. Les épreuves endurées, les pertes subies rendaient les officiers indulgents pour les faiblesses de leurs hommes. Les noirs, intelligences tout à fait simplistes, croient que la guerre doit non seulement nourrir la guerre, mais enrichir le soldat : « Peut-être gagner crever, peut-être gagner la vache, » me disait l'un d'entre eux au moment de partir en expédition. Mais, de nos jours, on se bat moins souvent ; les colonnes de pacification prennent le caractère de tournées de police, préparées avec soin et dotées de tous les services accessoires : ambulance, intendance, ravitaillements de toute nature. On ne fait plus de captifs, on n'enlève plus de troupeaux, la discipline est rigoureuse et l'auxiliaire noir a dû se résigner à ce changement imprévu sans l'avoir bien compris.

Nos premiers tirailleurs sénégalais, de race Ouolof, ont conquis le pays bambara. Les Bambaras à leur tour sont venus se ranger sous nos drapeaux et se sont comportés admirablement. Pendant vingt ans ils ont formé la grosse majorité de nos troupes, mais ils ne montrent plus, pour s'engager, leur enthousiasme d'autrefois et les autres familles du Centre africain ne possèdent pas les mêmes qualités militaires.

Notre ancienne colonie du Sénégal est tout entière adonnée au commerce et à l'agriculture. Les Ouolofs et les Sérères qui la peuplent cultivent l'arachide, sont ouvriers, mais ne contractent plus d'engagement. Lorsqu'un maçon arrive à se faire des journées de trois francs, l'idée ne lui viendra jamais d'échanger son salaire et sa liberté contre les vingt-deux sous du tirailleur qui tient garnison à Dakar. La race mandé représentée par les Bambaras, Malinkés, Sarrakolés, Kassonkés est en train de subir la même évolution économique et sociale.

D'importantes villes, Kayes, Bamako, Koulikoro, Segou, se sont créées, parfois de toutes pièces ; les chemins de fer Sénégal-Niger, Thiès-Kayes absorbent des milliers de travailleurs largement rétribués. Robustes, intelligents, actifs, les Bambaras se sont vu rechercher par toutes les administrations ; le Congo Belge a fini par les attirer pour en faire des mécaniciens et des ouvriers d'art. Les vrais Mandés n'entrent plus dans nos formations de tirailleurs que pour 60 p. 100 de l'effectif. Le reste provient soit des races de la Haute-Côte d'Ivoire, Samokos, Kados, Bobos, soit de toutes les autres familles de l'Afrique occidentale, Peuhl, Toucouleurs, Mossis, Soussous, Baoulés, Djermas, Dahoméens. Si l'on excepte les Toucouleurs, intelligents et braves, mais terriblement ombrageux et, de plus, accessibles au fanatisme musulman, toute la nomenclature des tribus que nous venons d'énumérer ne permet pas un grand espoir. Les races de la côte sont malingres, décimées par l'alcoolisme et la tuberculose ; les Peuhl sont cavaliers ou pasteurs et ne conviennent aucunement au service de l'infanterie. Seuls, les Mossis forment un réservoir à peu près intact dans la boucle du Niger. Ils sont vigoureux, mais d'intelligence très bornée ; leur instruction militaire est longue et difficile.

Tôt ou tard, il faudra revenir au recrutement bambara. Il subit un temps d'arrêt, mais l'augmentation de la population, très rapide avec la paix que nous procurons au pays, conjurera bientôt cette crise regrettable. Il vaut mieux renoncer à faire des expériences désastreuses avec les races de la côte et se limiter momentanément, que d'engager des non-valeurs. Rien n'alourdit une compagnie comme une ou deux douzaines de soldats indisciplinés, anciens domestiques pour la plupart, ivres-morts le jour du paiement de la solde. L'Afrique donnera toujours une quantité de recrues, mais une sélection très sévère s'impose, si l'on veut éviter les mécomptes.

Le tirailleur de race mandé représente le plus bel échantillon du mercenaire. De taille haute, bien découplé, marcheur infatigable, soldat fier et sobre, entièrement dévoué à notre cause, fidèle à son contrat, brave jusqu'à la témérité, quels services ne rendra-t-il pas ? Il ne faut pas toutefois le garder indéfiniment au service. Sauf de rares exceptions, le noir, une fois la trentaine dépassée, galope vers la décrépitude. Dix ou douze années de régiment, voilà ce qu'il convient d'en attendre, mais pas davantage.

Si l'on tient au recrutement bambara, si d'autre part on élimine les tirailleurs trop âgés ou les recrues non dégrossies, il est facile de voir que les ressources, pendant quelques années, seront assez restreintes. Le gouverneur général de l'Afrique occidentale française, M. William Ponty, s'est bien vite aperçu qu'avant de songer à former des brigades en Algérie, le bon sens voulait que l'on créât au Sénégal un véritable réservoir pour sélectionner les indigènes appelés à servir au loin et pour assurer leur relève dans les conditions normales. Quelques semaines passées à Dakar ou à Saint-Louis montrent combien les anciens errements étaient défectueux. L'armée coloniale ne possède pas de loi des cadres ; un simple décret suffit pour augmenter ou réduire ses effectifs. Ce procédé parait très souple et bien fait pour répondre à toutes les éventualités qui se produisent d'un jour à l'autre.

Malheureusement, la question budgétaire intervient dans tous les cas pour retarder les mesures les plus urgentes. La colonie du Sénégal a dû fournir, dans un délai très court, des unités nouvelles pour rétablir des situations troublées en Mauritanie, à la Côte d'Ivoire, au Congo. L'autorité militaire ne pouvait répondre à toutes les demandes qu'en désorganisant ses corps de troupe. Le 1er régiment sénégalais se trouva dispersé pendant longtemps de Port-Etienne au lac Tchad ; la garnison de Dakar fut parfois réduite a deux compagnies d'employés et de malingres. On était obligé d'accepter tous les engagements, d'incorporer à la hâte des tirailleurs trop jeunes ou des miliciens, de faire partir des soldats fatigués par deux ans de colonnes. Sans le retour du 3e régiment, définitivement rapatrié de Madagascar, un des bataillons demandés par le Maroc n'aurait jamais pu se former. De tous ces mouvements de va-et-vient, la faiblesse du commandement et de l'instruction n'a pas été le seul mauvais résultat. Les tirailleurs se sont lassés. Ils ne partent plus qu'avec répugnance pour certaines colonies. La Côte d'Ivoire et la Mauritanie n'ont plus rien qui les attire. Si l'on n'y prend pas garde, si l'on n'assure pas aux soldats noirs quelques périodes nécessaires de repos dans leurs pays d'origine, on peut appréhender une véritable crise du recrutement. Il est grand temps d'y remédier et de renforcer les effectifs du Sénégal de manière à pourvoir méthodiquement et sans précipitation aux besoins toujours grandissants de notre expansion coloniale.

La formation d'une armée noire est possible, mais il faudra plusieurs années d'un travail suivi pour assurer le maintien permanent d'une division dans l'Afrique du Nord. Il n'y a pas un moment à perdre soit par la Direction des troupes coloniales, soit par le gouvernement de l'Afrique occidentale française.

III

Cette division pourrait-elle être stationnée en Algérie ? L'expérience qui vient d'être faite nous oblige à formuler bien des réserves.

Le bataillon de tirailleurs, constitué dans les premiers mois de 1910 pour tenir garnison dans l'Extrême-Sud oranais, fut recruté d'une manière hâtive. La Côte d'Ivoire était alors en pleine révolte, le Gabon et le Congo entraient à peine dans la voie de la pacification ; nos compagnies du Tchad se voyaient bloquées dans leurs postes. Toutes les semaines, des unités partaient de Dakar ; il fallut, pour achever la formation du bataillon d'Algérie, faire appel aux tirailleurs épuisés par les colonnes de Mauritanie et aux gardes-cercle des territoires civils, miliciens pour la plupart dépourvus d'instruction militaire. Les 800 indigènes du bataillon ne donnaient pas l'impression d'une troupe homogène ; toutes les races de l'Afrique s'y coudoyaient. Fait bien plus grave, nombre de tirailleurs n'étaient guère en état de supporter de grosses fatigues. Le choix de leurs garnisons allait cependant leur infliger de nouvelles épreuves ; le bataillon fut débarqué à Oran et dirigé, par moitié, sur Beni-Ounif et Colomb-Béchar. En descendant du train, on s'aperçut aussitôt du manque de préparation de l'entreprise. Il n'y avait pas de casernement prévu ; lorsqu'on voulut construire un village, les matériaux manquaient. Les Sénégalais affectionnent la case ronde en pisé, couverte en palmes d'un toit conique, mais le pays ne donnait pas de bois de charpente, et les palmiers sont, dans les oasis, des arbres trop précieux pour qu'on les dépouille de leurs feuilles. Les branches de palmiers, les « djérids, » pour employer l'expression locale, se vendaient à raison de un franc le cent ; comme il est indispensable de renouveler chaque année la toiture, le prix de revient dépassait de beaucoup les allocations budgétaires. On envisagea donc l'établissement de maisonnettes en briques séchées au soleil, avec un toit de planches recouvertes de terre battue ; les travaux durèrent plus d'un an et coûtèrent 100 000 francs en chiffres ronds. Pourtant les ressources en casernement abondaient dans la province. La marche continue vers l'Ouest des troupes de la division d'Oran avait laissé disponibles des casernes à Tlemcen et surtout les constructions et les cultures des deux smalas de spahis installées à Medjahed et Bled-Chaaba.

Pendant de longs mois, les ménages sénégalais vécurent sous les tentes surchauffées en plein jour et glaciales dès les approches de la nuit. On avait voulu faire vite ; en deux mois, le commandement hésita, ne sachant où placer le bataillon, soit à Blidah, Djelfa et Laghouat, soit à Tlemcen, soit dans l'Extrême-Sud oranais. Il se serait épargné bien des mécomptes s'il avait fait précéder l'envoi des tirailleurs par une reconnaissance méthodique du pays. Des officiers rompus à l'existence de nos troupes indigènes auraient choisi, en toute connaissance de cause, les garnisons les meilleures ou plutôt les moins mauvaises pour l'organisme et le genre de vie de leurs soldats.

Le début s'annonçait mal. Il fallut se mettre à l'ouvrage dès le lendemain de l'arrivée, alors que les tempêtes de sable, si fréquentes dans ces régions, rendaient l'atmosphère irrespirable, balayaient les cuisines installées en plein air, renversaient le campement. Après la courte accalmie de l'automne, la neige apparut sur les montagnes ; l'hiver abaissa la température jusqu'à sept degrés au-dessous de zéro pendant la nuit, tandis que la chaleur de midi restait suffocante. A ces conditions climatériques si défectueuses se joignit l'obligation pour les soldats noirs de participer aux opérations des troupes voisines, tournées de police, reconnaissances, escortes de missions et de convois. La mortalité sévit dans des proportions assez fortes, — en deux ans, le bataillon d'Algérie a perdu 68 tirailleurs ; — elle était due, presque toujours, aux congestions pulmonaires, à la tuberculose, à l'épuisement et frappait les sujets affaiblis par des campagnes antérieures ou les jeunes tirailleurs, de races peu résistantes. Les femmes se comportèrent beaucoup mieux et la mortalité infantile ne fut pas plus élevée qu'au Sénégal. Bref, l'expérience démontra ce que le bon sens faisait prévoir : les Sénégalais pouvaient très bien vivre en Algérie, à la condition expresse de les choisir parmi des individus sains et robustes ; autant que possible il faudrait les soustraire aux effets d'un climat par trop continental. Le Sud-

Oranais était loin de convenir à leur tempérament. Le séjour sur la cote ou dans le Tell eût été bien préférable, les événements du Maroc l'ont surabondamment prouvé.

Dans d'autres ordres d'idées, les difficultés ne tardèrent pas à surgir. Le prix de revient des troupes noires, que l'on croyait inférieur aux dépenses normales des régiments de tirailleurs algériens, augmenta de jour en jour. On dut bientôt leur donner des vêtements de drap et des couvertures, distribuer des fournitures de literie pour les femmes et les enfants, prévoir une solde et une ration plus élevées. Les noirs qui marchent les pieds nus dans leur pays étaient mal à leur aise sur les « hamadas » pierreuses ou sur les hauts plateaux garnis d'herbes rudes ; on leur distribua des brodequins pour éviter d'avoir des blessés ou des traînards. L'existence monotone de garnison, sans espoir de faire la guerre, assombrissait l'humeur de tous ces auxiliaires dont la plupart avaient déjà fait le coup de feu, soit à Madagascar, soit en Afrique. D'autres soucis, plus urgents, les empêchaient de se résigner : dès les premiers jours, leur solde, nettement insuffisante, ne leur permettait pas de nourrir convenablement leurs familles, et voici que nous touchons au point critique du problème de l'armée noire. La femme et les enfants de chaque tirailleur ne sont pas une lourde gène au Soudan. Mais en Algérie, ce ménage complique singulièrement l'existence du soldat. Ne peut-il s'en passer ? Est-il donc indispensable d'avoir des gens mariés, et pourquoi ne pas se contenter de tirailleurs célibataires ?

IV

On s'imagine volontiers en France que chaque tirailleur entretient un ménage. Les bataillons du Sénégal et du Soudan-ont pourtant une bonne moitié de leurs effectifs constitués par des célibataires ; mais il ne faut pas oublier que les vieux garçons vivent alors « sur le pays, » et, grâce aux mœurs assez libres des populations, sont assurés de ne pas vivre dans la solitude.

Ce qu'il faut retenir comme un fait indiscutable, c'est que le noir ne se passe pas de femme. Il y goûte assez jeune, et cette précocité n'est pas une des moindres causes de l'usure physique et de la déchéance intellectuelle des nègres. L'enfant est, là-bas, un être vif, intelligent, débrouillard. Il apprend vite à lire et à écrire. Mais, vers quinze ans, on assiste presque toujours à sa régression vers la barbarie. Son attention ne s'éveille plus, son ardeur au travail décline et bientôt la paresse l'engourdit et le livre aux plus mauvais instincts. Vous avez dans votre poste un jeune interprète ; il connaît trois ou quatre dialectes africains et fait, dans la langue française, des progrès remarquables. Presque du jour au lendemain, le voici qui se néglige. Il se lève tard, perd la mémoire, abrège les heures de classe des enfants du village ; il cherche des excuses pour ne pas vous accompagner dans les tournées ; au cours des enquêtes, il perd le fil de l'idée, bredouille, étouffe des bâillements. Ne cherchez pas plus avant, la femme a passé dans sa vie. Dans la plupart des cas, le mal est incurable, et se prolonge jusqu'à l'extrême vieillesse. Dans tous les villages que l'on traverse, le chef vous offre une femme en même temps que le poulet, le beurre et les œufs. Partout on trouve « la femme de la caravane » qui remplit au continent noir un rôle social tout naturel.

L'Islam n'a malheureusement pas réformé ces mœurs, et c'est d'ailleurs un secret de sa progression parmi les populations primitives. L'idéal qu'il propose ne gêne pas les anciennes habitudes ; bien mieux, il les consacre et les exaspère en les faisant continuer dans une vie meilleure de l'au-delà. Aussi l'instinct de la reproduction se donne-t-il libre carrière et revêt-il en Afrique le caractère le plus matériel. Les Maures et les Touareg s'allient sans répugnance aux femmes noires, les tirailleurs bambaras prennent des femmes peuhl ; Madagascar fut pour eux une terre d'élection, une patrie nouvelle qui leur faisait oublier bien vite les rives du Niger et les paradis enchantés de Siguiri et de Kankan ; la femme hova ou sakalave était agréable et facile et cette considération primait tout à leurs yeux. Il ne faut pas s'étonner de trouver dans toute l'Afrique occidentale ce métissage qui déconcerte, car il entremêle toutes les races et complique à l'excès les recherches de nos anthropologues.

Lorsque le bataillon noir destiné à l'Algérie fut rassemblé à Dakar, les tirailleurs demandèrent en premier lieu s'ils trouveraient des femmes en arrivant dans leurs garnisons. Sur la réponse négative de leurs officiers, tous ceux qui se trouvaient à la tête d'un ménage se préparèrent à l'emmener. Les célibataires contractèrent des unions avec les femmes qui voulurent bien les suivre. Plusieurs tirailleurs s'associèrent clandestinement pour commanditer une femme qui passait, aux yeux du capitaine, pour être l'épouse légitime de l'un d'entre eux. Et je dois dire que, pour toute sorte de raisons, tirailleurs mariés on célibataires agirent fort sagement.

On doit donc envisager, à côté des tirailleurs sénégalais, la présence de femmes en grand nombre. C'est une nécessité, c'est aussi le plus souhaitable des états de choses. Nos auxiliaires n'ont toute leur valeur que s'ils gardent le caractère un peu sauvage de leurs devanciers. Une compagnie de tirailleurs forme un village où fourmille toute une population qui les retient. En vivant auprès des femmes de leur race, en élevant des enfants, ils n'entr'ouvrent qu'une fenêtre sur le monde civilisé dont l'attrait les conduit le plus souvent à l'alcoolisme. Le tirailleur marié, forcé de mener une vie sobre et régulière, s'il veut nourrir sa famille, est un bien meilleur soldat que le célibataire, il est plus vigoureux, plus discipliné, plus résigné. La femme et les enfants sont, pour le commandement, une lourde gêne. Les officiers doivent consacrer deux heures par jour à régler leur existence, à faire la police du camp, à prévenir les contestations. Mais dès que l'on part en colonne, il est bien entendu que la femme reste au poste, et lorsque, par hasard, au cours des longs déplacements pour changer de garnison, les compagnies ont fait le coup de feu, les femmes ont été braves et se sont fait tuer souvent en portant des cartouches aux tireurs de la première ligne. La question des femmes dominera toujours l'emploi de l'armée noire ; on ne peut pas la négliger, malheureusement.

V

Mais avant de philosopher, il faut vivre, et le problème se complique dès qu'on transporte des tirailleurs dans les pays civilisés. On crut bien l'avoir résolu par le choix des garnisons du bataillon d'Algérie. Les oasis du Sud-Oranais rappelleraient aux indigènes, croyait-on, les paysages de leur patrie. On oubliait qu'en les fixant dans des régions pauvres, la subsistance de leur famille serait, pour eux, un souci de tous les instants. La vie, dans le Sud-Oranais, est très chère ; le pays ne produit à peu près rien ; il n'y a pas de bétail puisqu'il n'existe pas le moindre pâturage ; on cultive les légumes de France dans les jardins des palmeraies, mais leur prix les rend à peu près inabordables aux « moussos » des tirailleurs. Les poulets se vendaient 4 francs en 1910, le poisson n'arrivait qu'en hiver, trois fois la semaine, par le train d'Oran, au prix minimum de 0 fr. 75 le kilogramme ; le kilogramme de riz était à 0 fr. 40 et la solde du tirailleur, en dehors de sa ration personnelle, était de 0 fr. 60 ! Or, les indigènes de la compagnie saharienne de Colomb, vivant en smala, touchaient, par jour,

2 fr. 50 et ne se recrutaient que d'après ce tarif. Bref, nos tirailleurs noirs étaient dans la misère.

Alors, on a cherché pour eux des conditions meilleures. Le deuxième bataillon noir tiendra garnison dans le Tell, au bord de la mer ; évidemment, cette mesure sera bonne, puisque nos tirailleurs y trouveront une des bases de leur nourriture, le poisson, très abondant sur le littoral de l'Algérie. Mais le voisinage ; des villes sera, pour eux, l'occasion de tentations continuelles ; des besoins nouveaux se feront sentir chez ces grands enfants et on peut craindre qu'en prenant le contact des populations européennes, ils ne dépensent en alcool l'argent qui leur servait dans le Sud-Oranais aux achats de première nécessité. On tourne dans un cercle bien difficultueux : dans le Sud, la solde est trop faible ; dans le Nord, les tirailleurs perdent leur valeur utilisable. Et si l'on augmente leurs allocations, le prix de revient de ces bataillons sera tellement élevé qu'ils deviendront pour le budget une lourde charge.

Les partisans de l'armée noire ont fait ressortir les avantages que nous aurions, en temps de paix comme en temps de guerre, à maintenir des divisions sénégalaises dans l'Afrique du Nord. En temps de paix, elles remplaceraient les contingents européens dont la place est tout indiquée en France où la natalité décroit d'une manière inquiétante. En temps de guerre, elles permettraient d'embarquer nos régiments de tirailleurs algériens pour renforcer les troupes d'opérations. L'armée noire préviendrait un soulèvement qui serait, s'il se produisait, infiniment plus terrible qu'en 1871. Au moment de la guerre contre l'Allemagne, nous n'avions que les trois provinces d'Alger, d'Oran et de Constantine. Aujourd'hui, nous possédons, en plus, les régions sahariennes, la Tunisie, le Maroc. Une insurrection musulmane, dans des circonstances difficiles, sonnerait le glas de notre immense empire africain. Quelques auteurs sont allés plus loin encore. Pourquoi n'utiliserait-on pas des divisions noires en France, dans le cas d'une conflagration européenne ?

Nous ne croyons pas que la suppression, en temps de paix, des garnisons françaises d'Algérie serait une bonne mesure. Il faudra toujours prévoir le cas de soulèvements locaux, peu graves en vérité quand l'autorité dispose des moyens de répression nécessaires. Si l'Arabe est peu suspect d'affection pour le Roumi, de tout temps il a méprisé le nègre. Des bataillons noirs exaspéreraient la résistance des révoltés, la rendraient plus acharnée, plus longue à vaincre, tandis que l'arrivée des zouaves et des chasseurs d'Afrique suffit toujours à déconcerter les agitateurs. Les événements récents de Tunisie l'ont bien fait voir, une fois de plus. En temps de guerre, les Sénégalais aideraient les troupes françaises à garder les populations algériennes dans l'obéissance, mais ils ne remplaceraient pas le contingent européen. Quant à l'hypothèse qui consiste à transporter des bataillons noirs dans la métropole, elle est tout simplement irréalisable. La guerre future éclatera certainement à l'improviste, sans avertissement préalable de nos voisins ; elle se prolongera sans doute pendant l'hiver et je ne vois pas bien comment on pourrait amener en temps utile des régiments sénégalais pour les conduire à la frontière. Nos mercenaires abandonneraient-ils leurs femmes et leurs enfants ? Résisteraient-ils aux tourmentes de neige, au froid intense, à la privation de nourriture ? Je ne mets en doute, pour les avoir éprouvés au Soudan, ni leur courage au feu ni leur sang-froid ; mais, dans l'état actuel de leur instruction et de leur mentalité, peut-on se porter garant de leur attitude sous les rafales de projectiles tirés par un ennemi qu'on ne voit pas toujours ? Si l'on arrivait à maintenir intacte, pendant l'action, une division sénégalaise jusqu'au moment de l'assaut, à coup sûr la position serait enlevée d'un élan irrésistible, mais la circonstance est fortuite et ne s'accorde pas avec l'expérience de la guerre.

On n'obtiendra pas les résultats qu'on faisait escompter en 1910 sans transformer les mœurs des troupes noires, et c'est une œuvre de longue haleine ; le temps l'accomplira, mais non la volonté des hommes. D'ailleurs, il n'est plus question de se lancer dans les rêveries. Les événements du Maroc se sont chargés d'imposer l'emploi rationnel des troupes sénégalaises.

VI

Un seul bataillon sénégalais tenait garnison dans la Chaouïa lorsque la marche sur Fez fut décidée. Ce mouvement allait engager la France dans une politique nouvelle et faire surgir de nombreuses difficultés diplomatiques. Mais, fait plus grave, notre situation militaire dans l'Afrique du Nord se trouva modifiée de fond en comble. Au lieu de continuer l'action lente, mais sûre, d'une pénétration méthodique, avec les effectifs de notre 19e corps d'armée, le gouvernement jugea préférable de frapper un grand coup et se trouva pris dans l'engrenage d'une expédition. Nos troupes entrèrent dans la capitale. Mais il fallut s'y maintenir et, pour cela, garder les communications avec la côte. Avait-on prévu la révolte de Fez et l'hostilité des tribus voisines ? Avait-on préparé la marche nécessaire d'Oudjda sur Taza et le mouvement sur Kasba et Maghzen et l'oasis du Tafilalet des troupes des confins Sud ? Les ressources dont disposait le général Lyautey pour mener à bien cette œuvre colossale se sont révélées insuffisantes. Le courage héroïque de nos soldats a sauvé la situation Jusqu'à ces jours derniers, mais il ne serait ni prudent ni désirable d'abuser de leur dévouement.

En s'embarquant pour le Maroc, le nouveau résident général demanda l'envoi immédiat de 4 000 hommes ; les opérations des généraux Gouraud et Dalbiez ont démontré qu'il fallait expédier au plus tôt de nouveaux renforts. Où les prendra-t-on ? La métropole a rendu quatre bataillons de zouaves à l'Algérie, ce qui permet de garder 32 bataillons dans les trois provinces et dans la Régence de Tunis : c'est là un minimum au-dessous duquel la domination française et la mobilisation du 19e corps d'armée se trouveraient compromises. Sans doute, on recrute fiévreusement de nouveaux bataillons algériens. Mais on n'arrivera pas à satisfaire aux demandes si l'on ne crée pas rapidement de nouvelles unités sénégalaises.

Nous ne referons pas ici l'historique des services rendus par les trois bataillons noirs envoyés successivement au Maroc ; les formations levées à la hâte se sont montrées, comme en Algérie, légèrement au-dessous de leur réputation ; le dernier bataillon rapatrié de

Madagascar et composé de vieux tirailleurs a, en revanche, fait des prodiges. En tout, cas, le pourcentage des maladies a été insignifiant chez les Sénégalais, alors que la fièvre typhoïde a littéralement décimé l'infanterie coloniale et les autres contingents européens. Deux nouveaux bataillons s'embarqueront au mois de juillet à Dakar ; un troisième les suivra bientôt. Le Maroc aura donc une brigade noire en attendant qu'il réclame une division.

Dès lors, il ne saurait plus être question de poursuivre en Algérie une expérience dont le bénéfice échappe à tous les esprits. A quoi bon conserver dans l'inaction tant de forces vives au lieu de les jeter, à pied d'œuvre, dans un pays neuf où, pendant longtemps encore, il faudra continuer la guerre ! Pourquoi s'obstiner à soumettre les tirailleurs au climat extrême du Sud-Oranais ou à la vie, pour eux déprimante, des garnisons du Tell ? Toutes les ressources actuelles du Sénégal et du Soudan vont être absorbées par l'expédition du Maroc et, pendant bien des années, le gouvernement de l'Afrique occidentale devra faire flèche de tout bois pour former des bataillons présentant quelque valeur et les relever en temps utile.

La question de l'armée noire est donc reléguée au rang des préoccupations lointaines ; les troupes sénégalaises constituent un élément de la force expéditionnaire ; on pourra s'en servir pour amorcer la création d'une armée d'occupation permanente, mais à condition de procéder avec prudence et méthode, en suivant un plan rationnel et en réservant à cette armée les seuls territoires qui lui reviennent. La jonction du Sénégal et du Maroc est une nécessité d'ordre politique et stratégique : voilà quelle est vraiment la zone d'action des troupes qu'on voulait immobiliser dans des garnisons perdues au milieu des terres infidèles. Nous faisons la conquête du Maroc, mais notre situation y sera toujours précaire si nous commettons la faute de ne pas relier tous les tronçons du continent africain où flotte le drapeau français, si nous n'organisons pas solidement et progressivement les confins algéro-marocains et la Mauritanie. L'armée d'Algérie et l'armée noire se partageront le travail d'après ces données simples.

Si l'on veut entretenir une armée sénégalaise en lui conservant toutes ses qualités et en réduisant les frais au minimum, il faut trouver le moyen de la placer dans son milieu, parmi des populations de même couleur. Si, de plus, on évite les transports de troupes par voie de mer, on diminue, en même temps que les dépenses, l'appréhension naturelle à l'homme qui part de son pays pour des régions mystérieuses. Le tirailleur recruté sur les rives du Sénégal rejoint volontiers une compagnie stationnée à trois mois de route, dans le Ouadaï ou le Kanem. Le voyage n'est plus une fatigue ; de poste en poste, notre soldat rencontre des indigènes de même race et des camarades avec lesquels il a parfois servi. Le jour de sa libération arrivé, le tirailleur refait le chemin en sens inverse, juche la femme et les enfants sur un bœuf porteur et, d'étape en étape, arrive enfin dans son village.

La jonction pratique d'Alger et de Tombouctou reste encore très aléatoire ; l'itinéraire est long, le pays désert, les routes ne seront jamais sûres. Il n'en va plus de même si l'on traverse la Mauritanie pour se rendre de

Saint-Louis à Marrakech. Lorsque le gouvernement se laissa entraîner à la conquête du Tagant et de l'Adrar, il ne s'attendait certes pas à préparer une route nouvelle de pénétration vers le Maroc dont l'indépendance était alors considérée comme un dogme intangible. Sous la vigoureuse impulsion du colonel Gouraud, nos troupes ont pacifié ces régions difficiles ; nous occupons Atar et Chinguetti, les reconnaissances ont dépassé Tourine et la sebkha d'Idjil. Il reste à maîtriser la route d'Anadjim, Grona, Tendouf, Taroudant. L'itinéraire Saint-Louis-Taroudant n'aura pas moins de 2 500 kilomètres, soit la distance de Saint-Louis à Gao, mais le tiers du chemin est acquis et 2500 kilomètres pour un noir ne représentent que dix semaines de route.

Les relations entre la Mauritanie et le Maroc n'ont jamais cessé. Notre plus terrible ennemi de l'Adrar, le célèbre Ma et Aïnin, le chef aux cavaliers bleus, se ravitaillait à Fez en armes et en munitions. On sait qu'il vint demander appui à Moulay-Hafid et qu'il faillit tomber aux mains des troupes françaises de la Chaouïa. Il est mort à l'heure actuelle, et son fils a fait sa soumission. La route est à peu près libre ; elle ne présente qu'un seul parcours de quatre jours sans eau ; l'obstacle n'a jamais arrêté le courant d'échanges entre les deux pays, l'étape est ordinaire pour les chameaux des caravanes. Il suffira de creuser quatre puits pour la rendre praticable à tous les convois. Nos tirailleurs se familiariseront bientôt avec la nouvelle ligne de pénétration ; leur marche précédera l'émigration continue et fructueuse des travailleurs à la recherche de salaires agricoles et des marchands, colporteurs de noix de kola, « Dioulas, » Maures et Peuhl conducteurs de troupeaux.

Les noirs ne sont pas rares au Maroc et principalement dans la vallée du Sous. Lorsque cette région, définitivement reliée à la Mauritanie, servira de débouché naturel au trop-plein des populations de l'Afrique Occidentale, la création d'une armée noire sera peut-être l'aboutissement logique d'une politique bien entendue. Cette armée pourra pacifier et garder le Sud du Maroc à Marrakech, Agadir, Mogador et Sali. La construction de la voie ferrée Oudjda-Taza-Fez-Marrakech mettra les troupes sénégalaises à trois jours d'Oran, quatre jours d'Alger, cinq jours de Constantine et six jours de Tunis. Mais pour le moment, qu'on se borne à recruter le nombre de bataillons suffisant pour aider la métropole dans l'effort militaire qu'elle doit produire pendant quelques années. Jusqu'à ce jour, la question de l'infanterie a fait oublier les autres armes. Par une mesure d'économie assez mesquine, on a réduit à un seul escadron ces magnifiques spahis sénégalais dont la bravoure s'est affirmée sur tous nos champs de bataille du Soudan. L'artillerie coloniale trouve parmi les indigènes des auxiliaires précieux. Il y aurait tout avantage à constituer des escadrons noirs et des batteries mixtes au Maroc. Mais le bon sens indique très clairement que si les troupes sénégalaises peuvent rendre des services dans une expédition coloniale, leur constitution et leur genre d'existence ne les ont nullement préparées à l'occupation de l'Algérie, encore moins à la guerre européenne.

VII

La création d'une année noire dans l'Afrique du Nord rencontre donc, pour le moment, de nombreuses difficultés. La première et la plus redoutable est la pénurie des ressources offertes par le recrutement. Nos tirailleurs sont d'excellents soldats, pour la plupart, et sauront, le cas échéant, renouveler tous les exploits de leurs devanciers. Leur livre d'or, si riche en exemples de bravoure, leur réserve de belles pages si toutefois on n'accepte dans nos rangs que les indigènes vigoureux des races de l'intérieur. Certes, le nombre est une force, mais il ne doit pas nuire à la qualité des troupes. On semble avoir oublié quelque peu ce principe ; il est grand temps d'y revenir. Au Soudan, l'élimination des mauvais tirailleurs se l'ait sans grand dommage ; en Algérie ou au Maroc, on est obligé trop souvent de garder les dégénérés et les malingres. Ce choix sévère n'est pas le seul obstacle qui limite les possibilités. Les soldats robustes ne résisteront pas indéfiniment ; il faut songer à la relève et, pour être assuré du bon fonctionnement de l'armée noire, chaque bataillon qu'on destine aux garnisons lointaines devrait avoir un dépôt de même effectif chargé de recruter, d'instruire et de fournir les remplacements demandés. Si, par exemple, on envoie 10 000 hommes dans l'Afrique du Nord, le Sénégal entretiendra 10000 soldats pour relever périodiquement les unités qu'il détache. Ces chiffres paraîtront élevés, mais ils s'imposent.

Une grosse pierre d'achoppement sera toujours la question des femmes. Les tirailleurs vivent en « smalas » et « madame Sénégal » est fort encombrante. Elle rend au camp de précieux services, mais encore faut-il qu'elle n'entrave pas le commandement lorsqu'il s'agit de mener à bien une opération militaire. Un officier a dépeint ici même le découragement des soldats noirs séparés de leur ménage; les rengagés ont été rares dans les rangs des bataillons envoyés au Maroc ; en Algérie, la mortalité fut grande parce que les tirailleurs, obligés de partager avec leur famille la ration individuelle, n'ont pas eu la nourriture que réclamait leur appétit. Le noir est un gros mangeur ; à ses yeux, le pays est bon lorsque les vivres sont à bon marché. On peut affirmer que l'Algérie sera pour lui la terre maudite de la faim, à moins qu'on ne le place dans des régions agricoles en lui concédant des cultures. Encore faudra-t-il augmenter sa solde et ne pas abuser de l'expédition militaire qui ruine les familles. Dans ces conditions, le soldat noir devient extrêmement coûteux et ne rend pas les services qu'on est en droit de lui demander.

La solution de l'armée noire est donc reculée à une échéance lointaine ; elle dépend de la situation économique de la région qu'on lui destine. Un bataillon sénégalais ne se contente pas d'une caserne, il demande un village et des terres maigres, mais suffisantes pour que le mil pousse dru et haut. C'est une véritable colonisation du pays, à l'écart des populations européennes et du débitant d'alcool. L'Algérie n'offre plus guère de territoires inoccupés ; l'Arabe y vivote sur les parcelles du sol natal qu'on a bien voulu lui laisser. Qu'on envoie le Sénégalais se battre au Maroc, son instinct guerrier lui fait supporter beaucoup d'épreuves parce qu'il les sait passagères. Dès lors qu'il reste en garnison, l'arme au pied, pour occuper un pays, il prétend vivre en famille, procréer, élever des enfants.

On ne saura trop faire appel à son concours dans la tâche ardue que la guerre marocaine impose à la France. Mais si l'on veut garder plus tard des forces noires à proximité de l'Algérie et de la Métropole, le seul moyen d'y parvenir est de faire essaimer, de proche en proche, la population noire elle-même vers le Maghreb. La mise en valeur de la Mauritanie, la jonction économique et stratégique du Maroc et du Sénégal sont seules capables de donner à nos auxiliaires les conditions d'existence qu'ils trouvent dans le reste de l'Afrique. Ce jour-là seulement il sera permis de parler de l'armée noire telle que la désirent tous les officiers qui ont eu l'honneur et la satisfaction de servir dans les troupes sénégalaises.

www.ingramcontent.com/pod-product-compliance
Lightning Source LLC
Chambersburg PA
CBHW071709040426
42446CB00011B/1978